清涼國師華嚴經疏鈔

청량국사화엄경소초 33

현수품 ②

청량징관 찬술 · 관허수진 현토역주

은주사

서언

천이백 년 침묵의 역사를 깨고

오늘도 나는 여전히 거제만을 바라본다.
겹겹이 조종하는 산들
산자락 사이 실가닥 저잣길을 지나 낙동강의 시린 눈빛
그 너머 미동도 없는 평온의 물결 저 거제만을 바라본다.
십오 년 전 그날 아침을 그리며 말이다.
나는 2006년 1월 10일 은해사 운부암을 다녀왔다.
그리고 그날 밤 열한 시 대적광전에서 평소에 꿈꾸어 왔던 『청량국사 화엄경소초』 완역의 무장무애를 지심으로 발원하고 번역에 착수하였다.
나의 가냘픈 지혜와 미약한 지견으로 부처님의 비단과도 같은 화장세계에 청량국사의 화려하게 수놓은 소초의 꽃을 피워내는 긴 여정을 시작한 것이다.
화엄은 바다였고 수미산이었다.
그 바다에는 부처님의 용이 살고 있었고
그 산에는 부처님의 코끼리가 노닐고 있었다.
예쁘게 단장한 청량국사 소초의 꽃잎에는 부처님의 생명이 태동하고 있었고,
겁외의 연꽃 밭에는 영원히 지지 않는 일승의 꽃이 향기를 뿜어내고

있었다.
그 바다 그 산 그리고 그 꽃밭에서 10년 7개월(구체적으로는 2006년 1월 10일부터 2016년 8월 1일까지) 동안 자유롭게 노닐었다.
때로는 산 넘고 강 건너 협곡을 지나고
때로는 은하수 별빛 따라 오작교도 다니었다.
삼경 오경의 그 영롱한 밤
숨쉬기조차 미안한 고요의 숭고함
그 시공은 영원한 나의 역경의 놀이터였다.

애시당초 이 작업은 세계 인문학의 자존심
내가 살아 숨쉬는 이 나라 대한민국 그리고 불교의 자존심에 기인한 것이다.
일찍이 그 누가 이 청량국사의 『화엄경소초』를 완역하였다면 나는 이 작업을 하지 않았을 것이다.
지금도 여전히 완역자는 없다.
더욱이 이 『청량국사화엄경소초』의 유일한 안내자 인악스님의 『잡화기』와 연담스님의 『유망기』도 그 누가 번역한 사실이 없다.
그러나 내 손안에 있는 두 분의 『사기』는 모두 다 번역하여 주석으로 정리하였다.

이 청량국사 화엄경의 소는 초를 판독하지 않으면 알 수가 없다. 그래서 그 이름을 구체적으로 대방광불화엄경수소연의초大方廣佛華嚴經隨疏演義鈔라 한 것이다.

즉 대방광불화엄경의 소문을 따라 그 뜻을 강연한 초안의 글이라는 것이다.
청량국사는 『화엄경』의 소문을 4년(혹은 5년) 쓰시되 2년차부터는 소문과 초문을 함께 써서 완성하시고 5년차부터 8년 동안 초문을 쓰셨다.
따라서 그 소문의 양은 초문에 비하면 겨우 삼분의 일에 지나지 않는다 할 것이다.

나는 1976년 해인사 강원에서 처음 『청량국사화엄경소초 현담』 여덟 권을 독파하였고,
1981년부터 3년간 금산사 화엄학림에서 『청량국사화엄경소초』를 독파하였다.
그때 이미 현토와 역주까지 최초 번역의 도면을 완성하였고,
당시에 아쉽게 독파하지 못한 십정품에서 입법계품까지의 소초는 1984년 이후 수선 안거시절 해제 때마다 독파하여 모두 정리하였다.

그러나 번역의 기연이 맞지 않아 미루다가 해인사 강주시절 잠시 번역에 착수하였으나 역시 기연이 맞지 않아 미루었다.
그리고 드디어 2006년 1월 10일 번역에 착수하여 2016년 8월 1일 십만 매 원고로 완역 탈고하고, 2020년 봄날 시공을 초월한 사상 초유 『청량국사화엄경소초』가 1,200년 침묵의 역사를 깨고 이 세상에 처음 눈을 뜨게 된 것이다.

번역의 순서는 먼저 입법계품의 소초, 다음에는 세주묘엄품 소초에서 이세간품 소초까지, 마지막으로 소초 현담을 번역하였다.
번역의 형식은 직역으로 한 글자도 빠뜨리지 않고 번역하였다. 따라서 어색하게 느껴지는 곳도 있을 것이다.
예를 들면 소所 자를 "바"라 하고, 지之 자를 지시대명사로 "이것, 저것"이라 하고, 이而 자를 "그러나"로 번역한 등이 그렇다.
판본은 징광사로부터 태동한 영각사본을 뿌리로 하였고, 대만에서 나온 본과 인악스님의 『잡화기』와 연담스님의 『유망기』와 또 다른 사기 『잡화부』(잡화부는 검자권부터 광자권까지 8권만 있다)를 대조하여 번역하였다.

앞에서 이미 말한 것처럼, 그 누가 청량국사의 『화엄경소초』를 완역한 적이 있었다면 나는 이 번역에 착수하지 않았을 것이다. 지금까지 이 황금보옥黃金寶玉의 『청량국사화엄경소초』가 번역되지 아니한 것은 나에게 주어진 시대적 사명이고 역사적 명령이라 생각한다.
나는 이 『청량국사화엄경소초』의 완역으로 불조의 은혜를 갚고 청량국사와 은사이신 문성노사 그리고 나를 낳아준 부모의 은혜를 일분 갚는다 여길 것이다.

끝으로 이 『청량국사화엄경소초』가 1,200년의 시간을 지나 이 세상에 눈뜨기까지 나와 인연한 모든 사람들 그리고 영산거사 가족과 김시열 거사님께 원력의 보살이라 찬언讚言하며, 나의 미약한 번역으로 선지자의 안목을 의심케 할까 염려한다.

마지막 희망이 있다면 이 『청량국사화엄경소초』의 완역 출판으로 청량국사에 대한 더욱 깊고 넓은 연구와 『화엄경』에 대한 더욱 다양한 연구가 이루어지기를 바라는 것뿐이다.

장세토록 구안자의 자비와 질책을 기다리며 고개 들어 다시 저 멀리 거제만을 바라본다.

여전히 변함없는 저 거제만을.

2016년 8월 1일 절필시에 게송을 그리며

長廣大說無一字 장광대설무일자
無碍眞理亦無義 무애진리역무의
能所兩詮雙忘時 능소양전쌍망시
劫外一經常放光 겁외일경상방광

화엄경의 장대한 광장설에는 한 글자도 없고
화엄경의 걸림없는 진리에는 또한 한 뜻도 없다.
능전의 문자와 소전의 뜻을 함께 잊은 때에
시공을 초월한 경전 하나 영원히 광명을 놓누나.

불기 2567년 음력 1월 10일 최초 완역장
승학산 해인정사 관허 수진

• 청량국사화엄경소초 •

● 화엄경소초현담華嚴經疏鈔玄談(1~8)

● 화엄경소초華嚴經疏鈔

1. 세주묘엄품世主妙嚴品
2. 여래현상품如來現相品
3. 보현삼매품普賢三昧品
4. 세계성취품世界成就品
5. 화장세계품華藏世界品
6. 비로자나품毘盧遮那品
7. 여래명호품如來名號品
8. 사성제품四聖諦品
9. 광명각품光明覺品
10. 보살문명품菩薩問明品
11. 정행품淨行品
12. 현수품賢首品
13. 승수미산정품昇須彌山頂品
14. 수미정상게찬품須彌頂上偈讚品
15. 십주품十住品
16. 범행품梵行品
17. 초발심공덕품初發心功德品
18. 명법품明法品

19. 승야마천궁품 昇夜摩天宮品

20. 야마천궁게찬품 夜摩天宮偈讚品

21. 십행품 十行品

22. 십무진장품 十無盡藏品

23. 승도솔천궁품 昇兜率天宮品

24. 도솔천궁게찬품 兜率天宮偈讚品

25. 십회향품 十廻向品

26. 십지품 十地品

27. 십정품 十定品

28. 십통품 十通品

29. 십인품 十忍品

30. 아승지품 阿僧祇品

31. 여래수량품 如來壽量品

32. 보살주처품 菩薩住處品

33. 불부사의법품 佛不思議法品

34. 여래십신상해품 如來十身相海品

35. 여래수호광명공덕품 如來隨好光明功德品

36. 보현행품 普賢行品

37. 여래출현품 如來出現品

38. 이세간품 離世間品

39. 입법계품 入法界品

영인본 5책 閏字卷

대방광불화엄경수소연의초 제십오권
大方廣佛華嚴經隨疏演義鈔 第十五卷

우진국 삼장사문 실차난타 번역
청량산 대화엄사 사문 징관 찬술
대한민국 조계종 사문 수진 현토역주

현수품 제십이의 이권
賢首品 第十二之二卷

經

有勝三昧名安樂이라 能普救度諸群生하며
放大光明不思議하야 令其見者悉調伏하니다

수승한 삼매가 있나니 이름이 안락安樂입니다.
능히 널리 모든 중생을 구원하여 제도하며
큰 광명의 사의할 수 없는 빛을 놓아
그 빛을 보는 사람으로 하여금 다 조복케 합니다.

疏

第八에 有勝三昧下에 八十九頌半은 明毛光照益三昧門이니 智契解脫之門하고 慈熏身語意業일새 故得身同法界하야 大用無涯니라 毛光觸物은 爲益萬品이며 遍於時處는 緣者會之니 是謂菩薩이 圓建立衆生也니라 文分爲五하리니 初에 一頌은 標門總辨이요 二에 所放光明下는 別明一毛의 光明業用이요 三에 如一毛下는

類顯一切의 毛光業用이요 四에 如其本行下는 釋成分齊요 五에 若有聞下는 聞信光益이라 今初는 就所益說일새 故名安樂이라하니라

제 여덟 번째 수승한 삼매가 있다고 한 아래에 팔십아홉 게송 반은 털구멍에 광명으로 비추어 이익케 하는 삼매문을 밝힌 것이니, 지혜로 해탈의 문에 계합하고 자비로 신·어·의 업을 훈수하기에 그런 까닭으로 몸이 법계와 같음을 얻어 그 큰 작용이 끝이 없는 것이다.
털구멍에 광명이 중생에게 닿게 하는 것은 만 가지 품류의 중생을 이익케 하기 위한 것이며
그때 그곳에 두루하게 하는 것은 인연 있는 사람이 그 빛을 만나게 하는 것이니,
이것이 말하자면 보살이 원만하게 중생을 건립하는 것이다.

경문을 나누어 다섯 가지로 하리니
처음에 한 게송은 삼매문을 표하여 한꺼번에 분별한 것이요
두 번째 놓은 바 광명이라고 한 아래는 한 털구멍에 광명의 업용을 따로 밝힌 것이요
세 번째 한 털구멍에[1] 놓은 바 광명이 한량도 없고 수도 없어 항하의

---

[1] 세 번째 한 털구멍 운운한 것은 영인본 화엄 5책, p.354, 4행 게송에 한 털구멍에 놓은 바 광명이 한량도 없고 수도 없어 항하의 모래와 같아서 일체 털구멍에 광명도 다 또한 그러하나니 이것은 이 대선大仙의 삼매의 힘이다

모래와 같다고 함과 같다고 한 아래는 일체 털구멍에 광명의 업용을 비류하여 나타낸 것이요

네 번째 그 본행本行과² 같이 얻은 바 광명이라고 한 아래는 광명의 분제를 해석하여 성립한 것이요

다섯 번째 만약³ 어떤 사람이 이 광명이 차별하다고 함을 듣고 능히 청정한 깊은 믿음과 지해를 낸다면이라고 한 아래는 광명이 차별하다고 함을 듣고 믿음을 내는 이익이다.

지금은 처음으로 이익케 할 바 삼매에 나아가 설하기에 그런 까닭으로 이름을 안락이다 하였다.

鈔

智契解脫之門等者는 總出光明之因이니 具悲智故니라 先此上一句는 約智며 亦約表釋이니 謂毛孔은 表解脫門이요 光明은 表於智慧故라 二는 正明智慧니 故云智契解脫之門이라하니라 慈熏身語意業者는 約悲釋이니 以菩薩이 曠劫慈悲로 熏修三業故니라

지혜로 해탈의 문에 계합한다고 한 등은 광명의 원인을 한꺼번에 설출한 것이니 자비와 지혜를 구족한 까닭이다.⁴

　한 것이다.
2 네 번째 그 본행本行 운운한 것은 영인본 화엄 5책, p.354, 8행 게송이다. 본행이란, 왕석의 인행因行이다.
3 다섯 번째 만약 운운한 것은 영인본 화엄 5책, p.357, 9행 게송이다.
4 자비와 지혜를 구족한 까닭이라고 한 것은 아래 사십사문의 광명(바로 아래

먼저 이 위⁵에 한 구절⁶은⁷ 지혜를 잡아 해석한 것이며 또한 표表함을 잡아 해석한 것이니,
말하자면 털구멍이라고 한 것은 해탈문을 표한 것이요
광명이라고 한 것은 지혜를 표한 까닭이다.
두 번째는 바로 지혜를 밝힌 것이니⁸
그런 까닭으로 말하기를 지혜로 해탈의 문에 계합한다 하였다.
자비로 신·어·의 업을 훈수한다고 한 것은 자비⁹를 잡아 해석한 것이니
보살이 오랜 세월토록 자비로 삼업을 훈수熏修한 까닭이다.

경문이니 그 소문을 보라)에 비록 각각 원인을 분별하였으나 다 자비와 지혜를 벗어나지 않는 까닭이다. 역시 『잡화기』의 말이다.
5 上 자는 연자衍字인 듯하다.
6 한 구절이란, 智契解脫之門이니 즉 지혜로 해탈의 문에 계합한다 한 것이다.
7 먼저 이 위에 한 구절이라고 한 것은 아래 자비로 삼업을 훈수한다고 한 구절을 상대한 까닭이다. 이상은 『잡화기』의 말이다.
8 이정명지혜二正明智慧 등 다섯 글자(五字)는 연자衍字인 듯하다. 따라서 여기에 二 자는 오행五行에 先 자와 상대한 二 자가 아닌 것이다. 앞에 先 자는 칠행七行에 자훈등慈熏等을 상대한 것이니 慈熏等이 二(後)가 되는 것이다. 따라서 "지혜를 표한 까닭이다. 그런 까닭으로" 운운이라 할 것이다.
9 비지悲智의 智 자는 연자衍字이다.

經

所放光明名善現이라 若有衆生遇此光인댄
必令獲益不唐捐하고 因是得成無上智리다

彼先示現於諸佛하고 示法示僧示正道하며
亦示佛塔及形像일새 是故得成此光明하니다

놓은 바 광명은 이름이 선현善現입니다.
만약 어떤 중생이라도 이 광명을 만난다면
반드시 하여금 이익을 얻게 하여 헛되이 버리지 않고
이것을 인하여 더 이상 없는 지혜를 이룸을 얻게 할 것입니다.

저가 먼저 모든 부처님을 시현하고
부처님의 법을 시현하고 스님을 시현하고 바른 길을 시현하며
또한 불탑과 그리고 부처님의 형상을 시현하였기에
이런 까닭으로 이 광명을 이룸을 얻었습니다.

疏

就第二段中二니 初는 略辨四十四門光用이요 後에 如是等下는
結略顯廣이라 就四十四光中하야 皆有四義하니 一은 標光名이요
二는 辨光用이요 三은 出光因이요 四는 結光果라 類例相從하야
分爲十段五對하리니 初有二光은 顯示三寶요 二有四光은 令發

大心이니 上二는 卽三寶四弘對라 三有二光은 總圓福智요 四有二光은 入理持法이니 上卽二嚴二持對라 五有六光은 六度行圓이요 六有七光은 四等救攝이니 卽六度四等對라 七有一光은 總彰三學이요 八有八光은 雜彰萬行이니 爲三學萬行對라 九有六光은 令六根內淨하야 動與理會요 十有六光은 明六塵外淨하야 觸境皆道니 卽根淸境淨對라 今初二光中에 前一顯現이라 於中에 初句는 標名이니 以近初標일새 但云所放이라하고 不言又放이라 次三句는 辨用이라 後偈는 辨因이니 中示三寶는 令其正歸요 示正道는 令其正向이니 上通一體와 及別相三寶라 亦示佛塔은 令其正信이니 義兼住持라

제이단 가운데 나아가 두 가지가 있나니
처음에는 사십사문의 광명의 작용을 간략하게 분별한 것이요
뒤에 이와 같이 비등하다고 한 아래는 간략하게 분별한 것을 맺고 폭넓게 설함을 나타낸 것이다.
사십사문의 광명 가운데 나아가 다 네 가지 뜻이 있나니,
첫 번째는 광명의 이름을 표한 것이요
두 번째는 광명의 작용을 분별한 것이요
세 번째는 광명의 원인을 설출한 것이요
네 번째는 광명의 과보를 맺는 것이다.

유사한 사례를 서로 좇아 나누어 십단에 오대五對로 하리니
처음에 두 광명이 있는 것은 삼보를 현시한 것이요

두 번째 네 광명이 있는 것은 하여금 대심을 일으키게 한 것이니
위에 두 가지는 곧 삼보와 사홍四弘을 상대한 것이다.
세 번째 두 광명이 있는 것은 다 복덕과 지혜를 원만케 하는 것이요
네 번째 두 광명이 있는 것은 진리에 들어가 법을 가지게 하는 것이니,
위에 두 가지는 이엄二嚴과 이지二持10를 상대한 것이다.
다섯 번째 여섯 광명이 있는 것은 육바라밀의 행이 원만한 것이요
여섯 번째 일곱 광명이 있는 것은 사무량심(四等)으로 구제하여 섭수하는 것이니
곧 육바라밀과 사무량심을 상대한 것이다.
일곱 번째 한 광명이 있는 것은 삼학을 한꺼번에 밝힌 것이요
여덟 번째 여덟 광명이 있는 것은 육도만행을 섞어서 밝힌 것이니
삼학과 육도만행11을 상대한 것이다.
아홉 번째 여섯 광명이 있는 것은 육근으로 하여금 안으로 청정케 하여 움직임에12 진리로 더불어 회합하게 하는 것이요
열 번째 여섯 광명이 있는 것은 육진으로 하여금 밖으로 청정케 하여 다이는 경계가 다 도道임을 밝힌 것이니
육근 청정과 육경 청정을 상대한 것이다.

---

10 이지二持란, 의지義持와 총지總持이다.
11 만행이라고 한 아래에 공양위선供養爲先이라는 네 글자는 연자衍字이다.
12 움직임 운운이란, 눈은 봉사로 하여금 보게 하고, 귀는 귀머거리로 하여금 듣게 하는 등등이다.

지금은 처음으로 두 광명 가운데 앞에 광명은 선현善現[13]이다.
그 가운데 처음 구절은 삼매의 이름을 표한 것이니
처음 게송에 삼매를[14] 총표總標한 것과 가깝기에 다만 말하기를 놓은 바(所放)라고만 하고 또 광명을 놓았다(又放)고는 말하지 아니하였다.
다음에 세 구절은 작용을 분별한 것이다.
뒤에 게송은 원인을 분별한 것이니
그 가운데 삼보를 시현한 것은 그로 하여금 바로 삼보에 귀의하게 하는 것이요
바른 길을 시현한 것은 그로 하여금 바로 향하여 나아가게 하는 것이니
이 위에는 일체一體와 그리고 별상삼보[15]를 통석한 것이다.
또한 불탑을 시현한 것은 그로 하여금 바로 믿게 하는 것이니 그 뜻이 주지삼보를 겸하였다.

---

13 원문에 顯現이라 한 顯은 善 자의 오자誤字이니, 소본에 善 자로 되어 있다. 이것은 광명의 이름을 거명한 까닭이라고 『잡화기』는 말한다.
14 처음 게송에 삼매 운운한 것은 영인본 화엄 5책, p.331, 5행에 유승삼매有勝三昧하니 명안락名安樂이라 한 것이니 같은 책 p.331, 말행 소문에 처음에 한 게송은 표문총변標門總辨이라 하였다.
15 원문에 일체급별상삼보一體及別相三寶는 탄허, 『합론合論』 12책冊, p.55를 참조하라.

> 經

又放光明名照耀라　映蔽一切諸天光하며
所有闇障靡不除하야 普爲衆生作饒益하니다

此光覺悟一切衆하야 令執燈明供養佛케하나니
以燈供養諸佛故로　得成世中無上燈하니다

然諸油燈及蘇燈하고 亦然種種諸明炬와
衆香妙藥上寶燭하야 以是供佛獲此光하니다

또 광명을 놓으니 이름이 조요照耀입니다.
일체 모든 하늘의 광명이 비침을 가리며
있는 바 어둠의 장애를 제멸하지 아니함이 없어서
널리 중생을 위하여 요익을 짓습니다.

이 광명이 일체중생을 깨닫게 하여
하여금 밝은 등불을 잡아 부처님께 공양하게 하나니
등불로 모든 부처님께 공양한 까닭으로
세상 가운데 더 이상 없는 등불을 이룸을 얻었습니다.

모든 기름 등불과 그리고 차조기[16] 기름 등불을 켜고

---

16 蘇는 차조기 소. 꿀풀과에 속하는 일년초. 들깨와 비슷하다.

또한 가지가지 모든 밝은 햇불과
수많은 향과 묘한 약과 최고 좋은 보배 촛불을 켜서
이것으로써 부처님께 공양하였기에 이 광명을 얻었습니다.

疏

後에 一光은 照耀니 用有七句라 一偈는 辨因이니 並顯可知라

뒤에 한 광명은 이름이 조요照耀이니[17]
작용이 일곱 구절[18]이 있다.
뒤에 한 게송[19]은 원인을 분별한 것이니
모두 나타낸 것은 가히 알 수가 있을 것이다.

---

17 조요照耀라는 말 아래 소본에는 초구표명初句標名이라는 네 글자가 있다고 『잡화기』는 말한다.
18 원문에 七句라고 한 것은 三偈 중 前二偈에 초게初偈의 初句인 우방광명명조요又放光明名照耀를 제하고 그 다음 七句이다.
19 원문에 일게一偈란, 삼게三偈 중 뒤에 일게(後一偈)이다.

經

又放光明名濟度라 此光能覺一切衆하야
令其普發大誓心하야 度脫欲海諸群生케하니다

若能普發大誓心하야 度脫欲海諸群生인댄
則能越度四瀑流하야 示導無憂解脫城하리다

於諸行路大水處에 造立橋梁及船筏호대
毁呰有爲讚寂靜일새 是故得成此光明하니다

또 광명을 놓으니 이름이 제도濟度입니다.
이 광명이 능히 일체중생을 깨닫게 하여
그 중생으로 하여금 널리 큰 서원의 마음을 일으켜
욕망의 바다에 모든 중생을 제도하여 해탈케 합니다.

만약 능히 널리 큰 서원의 마음을 일으켜
욕망의 바다에 모든 중생을 제도하여 해탈케 한다면
곧 능히 네 가지 폭류[20]를 넘어

---

20 원문에 사폭류四瀑流는
  1. 욕폭류欲瀑流 – 욕계사혹欲界思惑
  2. 유폭류有瀑流 – 색계무색계사혹色界無色界思惑
  3. 견폭류見瀑流 – 삼계견혹三界見惑
  4. 무명폭류無明瀑流 – 삼계수혹三界修惑이다.

근심 없는 해탈의 성에 인도함을 시현할 것입니다.

모든 다니는 길의 큰물이 흐르는 곳에
다리와 그리고 배와 뗏목을 만들어 세우되
유위법을 헐뜯고[21] 적멸법을 칭찬하였기에
이런 까닭으로 이 광명을 이룸을 얻었습니다.

疏

第二에 四光은 令發大心中에 即四弘願也라 初一은 令衆生無邊誓願度니 因中興有爲호대 而毀有爲라

두 번째 네 가지 광명은 하여금 큰 마음을 일으키게 하는 가운데 곧 사홍서원이다.
처음에 한 광명은 하여금 중생이 끝이 없지만 서원코 제도케 하는 것이니,
원인을 분별하는 가운데[22] 유위법有爲法을 일으키되 유위법을 헐뜯는 것이다.

---

21 呰는 訾 자와 같은 글자이니 '헐뜯을 자' 자이다.
22 원문에 인중因中이라고 한 것은 삼게三偈 중 뒤에 일게(後一偈)이다. 엄격히 말하면 뒤에 一偈 중 전삼구前三句이다.

經

又放光明名滅愛라　此光能覺一切衆하야
令其捨離於五欲하야　專思解脫妙法味케하니다

若能捨離於五欲하야　專思解脫妙法味인댄
則能以佛甘露雨로　普滅世間諸渴愛리다

惠施池井及泉流하고　專求無上菩提道호대
毀呰五欲讚禪定일새　是故得成此光明하니다

또 광명을 놓으니 이름이 멸애滅愛입니다.
이 광명이 능히 일체중생을 깨닫게 하여
그 중생으로 하여금 오욕을 버리고 떠나
오로지 해탈의 묘한 법맛을 생각케 합니다.

만약 능히 오욕을 버리고 떠나
오로지 해탈의 묘한 법맛을 생각한다면
곧 능히 부처님이 감로의 비로써
널리 세간에 모든 애욕의 갈증을 소멸할 것입니다.

못과 우물과 그리고 샘의 흐름을 은혜롭게 보시하고
더 이상 없는 보리의 도를 오로지 구하되
오욕을 헐뜯고 선정을 칭찬하였기에

이런 까닭으로 이 광명을 이룸을 얻었습니다.

疏

二에 一光은 令煩惱無邊誓願斷이니 因中興有爲호대 而讚禪定이니 上二皆事理兼修라

두 번째 한 광명은 하여금 번뇌가 끝이 없지만 서원코 끊게 하는 것이니,
원인을 분별하는 가운데[23] 유위법을 일으키되 선정을 칭찬한 것이니 위에 두 가지는 다 사실과 진리를 겸하여 닦는 것이다.

---

23 원문에 인중因中이라고 한 것은 역시 뒤에 一偈 중 前三句이다.

經

又放光明名歡喜라　此光能覺一切衆하야
令其愛慕佛菩提하야 發心願證無師道케하니다

造立如來大悲像하야 衆相莊嚴坐華座하고
恒歎最勝諸功德일새 是故得成此光明하니다

또 광명을 놓으니 이름이 환희歡喜입니다.
이 광명이 능히 일체중생을 깨닫게 하여
그 중생으로 하여금 부처님의 보리를 사랑하고 사모하여
발심하여 스승 없는 도(無師道)를 서원코 증득케 합니다.

여래의 대비大悲하신 형상을 만들어
수많은 모습으로 장엄하여 연화좌에 앉히고
항상 가장 수승한 모든 공덕을 찬탄하였기에
이런 까닭으로 이 광명을 이룸을 얻었습니다.

疏

三은 上欣佛果라

세 번째 한 광명은 위로 부처님의 과보를 기쁜 마음으로 구하는 것이다.

經

又放光明名愛樂이라 此光能覺一切衆하야
令其心樂於諸佛하며 及以樂法樂衆僧케하니다

若常心樂於諸佛하며 及以樂法樂衆僧인댄
則在如來衆會中하야 建成無上深法忍하리다

開悟衆生無有量하야 普使念佛法僧寶하며
及示發心功德行일새 是故得成此光明하니다

또 광명을 놓으니 이름이 애락愛樂입니다.
이 광명이 능히 일체중생을 깨닫게 하여
그 중생으로 하여금 모든 부처님을 좋아하며
그리고 법을 좋아하고 수많은 스님을 좋아하게 합니다.

만약 항상 마음에 모든 부처님을 좋아하며
그리고 법을 좋아하고 수많은 스님을 좋아한다면
곧 여래의 대중이 모인 가운데 있으면서
더 이상 없는 깊은 법인을 건립할 것입니다.

중생을 열어 깨닫게 하기를 한량없이 하여
널리 하여금 불·법·승 삼보를 생각케 하며
그리고 발심한 공덕의 행을 시현하였기에

이런 까닭으로 이 광명을 이룸을 얻었습니다.

疏

四는 愛樂三寶나 窮盡法門이니 因中에 四弘之終일새 故總結云호대 及示發心功德行이라하니라

네 번째 한 광명은 삼보를 사랑하고 좋아하지만 법문을 궁구하여 다하게[24] 하는 것이니,
원인을 분별하는 가운데 사홍서원을 마쳤기에 그런 까닭으로 모두[25] 맺어 말하기를 그리고 발심한 공덕의 행을 시현한다 하였다.

---

24 원문에 궁진窮盡은 서학誓學의 잘못인 듯하다.
25 총總은 타본엔 총결로 되어 있어 고친다.

> 經

又放光明名福聚라　此光能覺一切衆하야
令行種種無量施하야 以此願求無上道하니다

設大施會無遮限하고 有來求者皆滿足하야
不令其心有所乏일새 是故得成此光明하니다

又放光明名具智라　此光能覺一切衆하야
令於一法一念中에　悉解無量諸法門케하니다

爲諸衆生分別法하고 及以決了眞實義하며
善說法義無虧減일새 是故得成此光明하니다

또 광명을 놓으니 이름이 복취福聚입니다.
이 광명이 능히 일체중생을 깨닫게 하여
하여금 가지가지 한량없는 보시를 행하여
이것으로써 더 이상 없는 도를 서원코 구하게 합니다.

큰 시회施會를 베풀되 막거나 한계가 없이 하고
와서 구하는 사람이 있으면 다 만족케 하여
그 사람으로 하여금 마음에 궁핍한 바가 있지 않게 하였기에
이런 까닭으로 이 광명을 이룸을 얻었습니다.

또 광명을 놓으니 이름이 구지具智입니다.
이 광명이 능히 일체중생을 깨닫게 하여
하여금 한 법과 한 생각 가운데
다 한량없는 모든 법문을 알게 합니다.

모든 중생을 위하여 법을 분별하고
그리고 진실한 뜻을 결정코 요달하며
법의 뜻을 잘 설하여 이지러지거나 모자람이 없이 하였기에
이런 까닭으로 이 광명을 이룸을 얻었습니다.

疏

第三에 有二光은 總圓福智이니 智因中에 分別法相하고 決了眞理하야 無虧理事하며 不滅佛法일새 故得一念에 悉解多門이라

제 세 번째 두 광명이 있는 것은 복덕과 지혜를 모두 원만하게 하는 것이니,
지혜의 원인을 분별하는 가운데 법의 모습을 분별하고 진리를 결정코 요달하여 진리와 사실이 이지러짐이 없이 하였으며 불법이 모자람이 없이 하였기에 그런 까닭으로 한 생각에 수많은 법문을 다 앎을 얻은 것이다.

經

又放光明名慧燈이라 此光能覺一切衆하야
令知衆生性空寂하고 一切諸法無所有하니다

演說諸法空無主가　如幻如焰水中月하며
乃至猶如夢影像일새 是故得成此光明하니다

又放光名法自在라　此光能覺一切衆하야
令得無盡陀羅尼하야 悉持一切諸佛法케하니다

恭敬供養持法者하며 給侍守護諸賢聖하며
以種種法施衆生일새 是故得成此光明하니다

또 광명을 놓으니 이름이 혜등慧燈입니다.
이 광명이 능히 일체중생을 깨닫게 하여
하여금 중생의 심성이 공적하고
일체 모든 법이 있는 바가 없는 줄 알게 합니다.

모든 법이 공하여 주체가 없는 것이
마치 환상과 같고 불꽃과 같고 물 가운데 달과 같으며
내지 비유하자면 꿈과 같고 영상과 같은 줄 연설하였기에
이런 까닭으로 이 광명을 이룸을 얻었습니다.

또 광명을 놓으니 이름이 법자재法自在입니다.
이 광명이 능히 일체중생을 깨닫게 하여
하여금 끝없는 다라니를 얻어
일체 모든 불법을 다 가지게 합니다.

불법을 가진 사람을 공경하고 공양하며
모든 성인과 현인을 모시고 수호하며
가지가지 법으로 중생에게 보시하였기에
이런 까닭으로 이 광명을 이룸을 얻었습니다.

疏

第四에 二光은 入理持法이라 初一은 慧入二空이니 卽義持也요
後一은 具四總持니 於法自在라

제 네 번째 두 광명은 진리에 들어가 법을 가지게 하는 것이다.
처음에 한 광명은 지혜가 이공二空에 들어가는 것이니 곧 의지義持요
뒤에 한 광명은 네 가지 총지總持를 구족하였으니 법에 자재한 것이다.

鈔

後一은 具四總持者는 一은 法持요 二는 義持요 三은 呪持요 四는
無生忍持니 七地廣說하니라 四持並具어니 何不自在리요

뒤에 한 광명은 네 가지 총지를 구족하였다고 한 것은
첫 번째는 법지法持요
두 번째는 의지義持요
세 번째는 주지呪持요
네 번째는 무생인지無生忍持니
제칠지에 폭넓게 설하였다.
네 가지 총지가 모두 구족하였거니 어찌 자재롭지 않겠는가.

經

又放光明名能捨라 此光覺悟慳衆生하야
令知財寶悉非常하야 恒樂惠施心無著케하니다

慳心難調而能調하고 解財如夢如浮雲하야
增長惠施淸淨心일새 是故得成此光明하니다

又放光明名除熱이라 此光能覺毀禁者하야
普使受持淸淨戒하야 發心願證無師道케하니다

勸引衆生受持戒하야 十善業道悉淸淨하며
又令發向菩提心일새 是故得成此光明하니다

又放光明名忍嚴이라 此光覺悟瞋恚者하야
令彼除瞋離我慢하야 常樂忍辱柔和法하니다

衆生暴惡難可忍이나 爲菩提故心不動하고
常樂稱揚忍功德일새 是故得成此光明하니다

又放光明名勇猛이라 此光覺悟嬾墮者하야
令彼常於三寶中에 恭敬供養無疲厭케하니다

또 광명을 놓으니 이름이 능사能捨입니다.
이 광명이 아끼는 중생을 깨닫게 하여

하여금 재물과 보배가 다 영원하지 않는 줄 알아
항상 즐겁게 은혜로이 보시하되 마음에 집착이 없게 합니다.

아끼는 마음은 조복하기 어렵지만 능히 조복하고
재물은 꿈과 같고 뜬구름과 같은 줄 알아
은혜로이 보시하는 청정한 마음을 증장하였기에
이런 까닭으로 이 광명을 이룸을 얻었습니다.

또 광명을 놓으니 이름이 제열除熱입니다.
이 광명이 능히 금계를 훼손하는 사람을 깨닫게 하여
널리 하여금 청정한 계를 받아 가져
발심하여 스승 없는 도를 서원코 증득케 합니다.

중생을 타일러 인도하여 계를 받아 가져
십선업도十善業道를 다 청정케 하며
또 하여금 보리에 향하는 마음을 일으키게 하였기에
이런 까닭으로 이 광명을 이룸을 얻었습니다.

또 광명을 놓으니 이름이 인엄忍嚴입니다.
이 광명이 성내는 사람을 깨닫게 하여
저 사람으로 하여금 성냄을 제멸하고 아만을 떠나
항상 인욕의 유화한 법을 즐기게 합니다.

중생의 난폭하고 악독함을 가히 참기 어렵지만
보리를 위한 까닭으로 마음은 움직이지 않고
항상 인욕의 공덕을 칭양하기를 좋아하였기에
이런 까닭으로 이 광명을 이룸을 얻었습니다.

또 광명을 놓으니 이름이 용맹勇猛입니다.
이 광명이 게으른 사람을 깨닫게 하여
저 사람으로 하여금 항상 삼보 가운데
공경하고 공양하지만 피곤하거나 싫어함이 없게 합니다.

經

若彼常於三寶中에　恭敬供養無疲厭인댄
則能超出四魔境하야　速成無上佛菩提하리다

勸化衆生令進策하고　常勤供養於三寶하야
法欲滅時專守護일새　是故得成此光明하니다

又放光明名寂靜이라　此光能覺亂意者하야
令其遠離貪恚癡하야　心不動搖而正定케하니다

捨離一切惡知識의　無義談說雜染行하고
讚歎禪定阿蘭若일새　是故得成此光明하니다

又放光明名慧嚴이라　此光覺悟愚迷者하야
令其證諦解緣起하야　諸根智慧悉通達케하니다

若能證諦解緣起하야　諸根智慧悉通達인댄
則得日燈三昧法하야　智慧光明成佛果리다

國財及己皆能捨하고　爲菩提故求正法하야
聞已專勤爲衆說일새　是故得成此光明하니다

만약 저 게으른 사람이 항상 삼보 가운데
공경하고 공양하지만 피곤하거나 싫어함이 없다면

곧 능히 사마四魔[26]의 경계를 뛰어나
속히 더 이상 없는 보리를 이룰 것입니다.

중생을 따라[27] 교화하여 하여금 정진케 하고
항상 부지런히 삼보를 공양하여
법이 사라지고자 할 때에 오로지 수호하였기에
이런 까닭으로 이 광명을 이룸을 얻었습니다.

또 광명을 놓으니 이름이 적정寂靜입니다.
이 광명이 능히 산란한 마음을 가진 사람을 깨닫게 하여
그 사람으로 하여금 탐내고 성내고 어리석음을 멀리 떠나
마음이 동요하지 않고 바른 선정에 들게 합니다.

일체 악지식의
의리 없는 말과 잡되고 오염된 행을 버려 떠나고
선정과 아란야를 찬탄하였기에
이런 까닭으로 이 광명을 이룸을 얻었습니다.

또 광명을 놓으니 이름이 혜엄慧嚴입니다.
이 광명이 어리석고 미혹한 사람을 깨닫게 하여
그 사람으로 하여금 사제를 증득하고 십이연기를 알아

---

26 사마四魔란 오온마五蘊魔, 번뇌마煩惱魔, 사마死魔, 천마天魔이다.
27 勸은 여기서는 '따를 권' 자이다.

제근諸根의 지혜를 다 통달케 합니다.

만약 능히 사제를 증득하고 십이연기를 알아
제근의 지혜를 다 통달한다면
곧 일등日燈의 삼매법을 얻어
지혜의 광명으로 불과를 이룰 것입니다.

나라와 재물과 그리고 자기를 다 능히 버리고
보리를 위한 까닭으로 정법을 구하여
들은 이후에 오로지 부지런히 중생을 위하여 설하였기에
이런 까닭으로 이 광명을 이룸을 얻었습니다.

疏

第五에 六度光中에 戒因中云호대 發大心者는 謂若發二乘心인댄 則破淨戒며 大心導善인댄 不在人天이라 勤策萬行에 慧爲上首일새 各加一偈니 餘可思之니라

제 다섯 번째 육바라밀의 광명 가운데[28] 계바라밀의 원인을 분별하는 가운데 말하기를 대승의 마음을 일으키게[29] 했다고 한 것은 말하자면

---

28 원문에 육도광중六度光中이란, 육바라밀六波羅蜜을 순서대로 말하고 있다.
29 원문에 발대심發大心이란, 영인본 화엄 5책, p.341, 1행 계문게문偈文에 발향보리심 發向菩提心이라 한 것이다.

만약 이승의 마음을 일으켰다면 곧 청정한 계를 파한 것[30]이며, 대승의 마음으로 십선도를 인도하였다면 인천의 과보에 있는 것이 아니다.[31]

만행(보시)을 부지런히 행함에 지혜가 으뜸이 되기에 각각 한 게송을 더하였으니

나머지는 가히 생각할 것이다.

---

30 청정한 계를 파한다고 한 것은 소승계의 오편五篇은 오직 사람을 죽이고 오전五錢을 훔치는 등만 제지하는 것이니, 곧 온전히 제지한 것이 아닌 까닭으로 반드시 대승의 마음을 일으켜 대승계를 행하여야 하는 것이다. 이상은 『잡화기』의 말이다. 오편이란 바라이와 승잔과 바일제와 바라제제사니와 돌길라이니 운허, 『불교사전』, p.626을 참고할 것이다.

31 인천의 과보에 있는 것이 아니라고 한 것은 영인본 화엄 5책, p.341, 1행에 초구初句의 지계持戒와 이구二句의 십선十善은 이 인천人天의 원인이지만 그러나 지금에는 대승의 마음으로써 십선도를 인도한 까닭으로 인천의 과보에 있지 않고 바로 부처님의 과보(佛果)에 이르는 것이다.

經

又放光明名佛慧라　此光覺悟諸含識하야
令見無量無邊佛이　各各坐寶蓮華上하니다

讚佛威德及解脫하고 說佛自在無有量하야
顯示佛力及神通일새 是故得成此光明하니다

또 광명을 놓으니 이름이 불혜佛慧입니다.
이 광명이 모든 함식을 깨닫게 하여
하여금 한량도 없고 끝도 없는 부처님이
각각 보배 연꽃 위에 앉아 있음을 보게 합니다.

부처님의 위덕과 그리고 해탈을 찬탄하고
부처님의 자재自在가 한량이 없음을 설하여
부처님의 힘과 그리고 신통을 현시하였기에
이런 까닭으로 이 광명을 이룸을 얻었습니다.

疏

第六에 有七光은 四等救攝中에 初一은 慈光으로 與佛慧眞樂이라
見無量佛은 此有二義하니 一은 見事佛이니 眞樂因故요 二는 見心
佛이니 一一心華에 有覺性故라

제 여섯 번째 일곱 광명이 있는 것은 사섭법 등으로 구제하여 섭수하는 가운데 처음에 한 광명은 자광慈光으로 불혜의 진실한 즐거움을 주는 것이다.

한량없는 부처님을 본다고 한 것은 여기에 두 가지 뜻이 있나니
첫 번째는 사실의 부처님을 보는 것이니
진실한 즐거움의 원인인 까닭이요
두 번째는 마음의 부처님을 보는 것이니
낱낱 마음의 꽃[32]에 깨달음의 자성이 있는 까닭이다.

---

32 낱낱 마음의 꽃이란, 곧 모든 중생의 마음 꽃을 말하는 까닭이다. 역시 『잡화기』의 말이다.

經

又放光明名無畏라　此光照觸恐怖者하야
非人所持諸毒害인　一切皆令疾除滅케하니다

能於衆生施無畏호대 遇有惱害皆勸止하며
拯濟厄難孤窮者일새 以是得成此光明하니다

또 광명을 놓으니 이름이 무외無畏입니다.
이 광명이 두려워하는 사람을 비추어
사람이 아닌 무리가 가진 바 모든 독해인
일체를 다 하여금 빨리 제멸케 합니다.

능히 중생에게 무외시를 베풀되
뇌로움이 있고 해로움이 있는 사람을 만나면 다 따라 그치게 하며
액난과 고독과 궁핍함이 있는 사람을 만나면 다 건져 제도하였기에
이것으로써 이 광명을 이룸을 얻었습니다.

疏

次三은 悲光拔苦니 初一은 厄難苦라

다음에 이 세 광명은 비광悲光으로 고통을 뽑아주는 것이니,
처음에 한 광명은 액난의 고통이다.

> 經

又放光明名安隱이라 此光能照疾病者하야
令除一切諸苦痛하야 悉得正定三昧樂하니다

施以良藥救衆患하며 妙寶延命香塗體하며
酥油乳蜜充飮食일새 以是得成此光明하니다

또 광명을 놓으니 이름이 안은安隱입니다.
이 광명이 능히 병든 사람을 비추어
하여금 일체 모든 고통을 제멸하여
다 바른 선정삼매의 즐거움을 얻게 합니다.

좋은 약을 보시하여 중생의 병환을 구하며
묘한 보배로 생명을 연장하고 향을 몸에 바르며
수락과 기름과 젖과 꿀을 음식으로 충당하였기에
이것으로써 이 광명을 이룸을 얻었습니다.

> 疏

次一은 疾病苦라

다음에 한 광명은 질병의 고통이다.

經

又放光明名見佛이라 此光覺悟將沒者하야
令隨憶念見如來하야 命終得生其淨國하니다

見有臨終勸念佛하고 又示尊像令瞻敬케하며
俾於佛所深歸仰케할새 是故得成此光明하니다

또 광명을 놓으니 이름이 견불見佛입니다.
이 광명이 장차 죽을 사람을 깨닫게 하여
하여금 기억하고 생각함을 따라 여래를 보아
목숨이 마침에 그 정토에 태어남을 얻게 합니다.

임종을 맞이하는 사람이 있음을 보면 염불을 권하고
또 세존의 형상을 시현하여 하여금 우러러 공경케 하며
하여금 부처님의 처소에 깊이 돌아가 우러르게 하였기에
이런 까닭으로 이 광명을 이룸을 얻었습니다.

疏

後一은 死苦라 令見佛者는 一은 捨命不恐이요 二는 惡道不畏라
又要臨終勸者는 智論二十八云호대 臨終少時가 能勝終身行力
이니 以猛利故로 如火如毒이라하니라 依西域法인댄 有欲捨命者
면 令面向西케하고 於前安一立像호대 亦面向西케하며 以幡頭로

挂像手指하야 令病人으로 手捉幡脚하고 口稱佛名하야 作隨佛往
生淨土之意케하며 兼與燒香鳴磬하야 助稱佛名케하리니 若能行
此인댄 非直亡者가 得生佛前이라 抑亦終成見佛光也라하니라 若
神游大方하야 去留無礙者인댄 置之言外어니와 不爾인댄 勉旃斯
行하리다

뒤에 한 광명은 죽음의 고통이다
하여금 부처님을 보게 한다고 한 것은 첫 번째는 목숨 버리기를
두려워하지 않는 것이요
두 번째는 악도를 두려워하지 않는 것이다.
또 임종 시에 염불 권하기를 요망한 것은 『지도론』이십팔권에
말하기를 임종의 짧은 시간에 염불한 것이 능히 종신토록[33] 수행한
힘보다 수승하나니,
용맹하고 예리한 까닭으로 불과 같고 독과 같다 하였다.
서역의 법을 의지한다면 목숨을 버리고자 하는 사람이 있으면 얼굴
로 하여금 서쪽을 향하게 하고 앞에 하나의 입불상立佛像을 안치하되
또한 얼굴로 하여금 서쪽을 향하게 하며,
번幡의 머리로 불상의 손가락에 걸어 병든 사람으로 하여금 손으로
번의 다리를 잡고 입으로 부처님의 명호를 불러 부처님을 따라
정토에 왕생하는 뜻을 짓게 하며,
겸하여 향을 사르고 풍경을 울려 부처님의 명호를 도와 부르게

---

33 종신終身이라는 말 아래 소본에는 수修 자가 있다고 『잡화기』는 말한다.

할지니,

만약 능히 이것을 행한다면 바로 죽은 사람이 부처님 앞에 왕생함을 얻을 뿐만 아니라 마침내 또한 임종 시에 부처님의 광명을 봄을 이룰 것이다.[34] 하였다.

만약 정신이 대방大方[35]의 세계에 노닐어 가고 머무는 것이 걸림이 없는 사람이라면 말 밖에 두거니와[36] 그렇지 못하다면 이 행을 힘써 닦아야[37] 할 것이다.

---

34 마침내 또한 임종 시에 부처님의 광명을 봄을 이룰 것이라고 한 것은 이것은 염불을 권하는 사람의 말이다. 역시 『잡화기』의 말이다. 抑은 여기서는 '마침내 억' 자이다.

35 대방大方이란, 一은 대승大乘의 큰 방소이고, 二는 대방광불화엄경의 세계이다.

36 원문에 치지언외置之言外란, 영면향서등슈面向西等의 말이 필요 없다는 뜻이다.

37 栴은 施의 잘못이니 '어조사 전' 자이다.

> 經

又放光明名樂法이라 此光能覺一切衆하야
令於正法常欣樂하야 聽聞演說及書寫하니다

法欲盡時能演說하야 令求法者意充滿케하야
於法愛樂勤修行일새 是故得成此光明하니다

又放光明名妙音이라 此光開悟諸菩薩하야
能令三界所有聲으로 聞者皆是如來音케하니다

以大音聲稱讚佛하며 及施鈴鐸諸音樂하야
普使世間聞佛音일새 是故得成此光明하니다

또 광명을 놓으니 이름이 요법樂法입니다.
이 광명이 능히 일체중생을 깨닫게 하여
하여금 정법을 항상 기뻐하고 좋아하여
듣고 연설하고 그리고 쓰게 합니다.

법이 다하고자 할 때에 능히 연설하여
법을 구하는 사람으로 하여금 뜻을 만족케 하여
법을 사랑하고 좋아하여 부지런히 수행케 하였기에
이런 까닭으로 이 광명을 이룸을 얻었습니다.

또 광명을 놓으니 이름이 묘음妙音입니다.
이 광명이 모든 보살을 깨닫게 하여
능히 삼계에 있는 바 소리로 하여금
듣는 것이 다 이 여래의 소리이게 합니다.

큰 음성으로 부처님을 칭찬하며
그리고 요령과 목탁과 모든 음악을 베풀어
널리 세간으로 하여금 부처님의 음성을 듣게 하였기에
이런 까닭으로 이 광명을 이룸을 얻었습니다.

疏

次二光은 令生法喜니 初則欣法聽說하야 法喜已充이요 終則觸境이 無非佛法이니 成喜之極이라

다음에 두 광명은 하여금 법희法喜를 내게 하는 것이니,
처음에 광명은 법을 좋아하여 듣고 연설하여 법희가 이미 충만한 것이요
끝에 광명[38]은 곧 닿는 경계마다 불법이 아님이 없는 것이니
법희의 극치를 이루는 것이다.

---

38 원문에 종終은 종광終光이니 여기에 두 광명(此二光) 중 제이광第二光이다.

經

又放光明名甘露라 此光開悟一切衆하야
令捨一切放逸行하고 具足修習諸功德케하니다

說有爲法非安隱이니 無量苦惱悉充遍하고
恒樂稱揚寂滅樂일새 是故得成此光明하니다

또 광명을 놓으니 이름39이 감로甘露입니다.
이 광명이 일체중생을 열어 깨닫게 하여
하여금 일체 방일의 행을 버리고
모든 공덕을 갖추어 닦게 합니다.

유위법은 안은한 법이 아니니
한량없는 고뇌가 다 충변充遍40하다 말하고
항상 적멸락을 칭양하기를 좋아하였기에
이런 까닭으로 이 광명을 이룸을 얻었습니다.

疏

後一은 令成大捨하야 捨除放逸과 衆惑之根이라

---

39 施는 名의 잘못(誤)이다.
40 遍은 滿 자로 된 곳도 있다.

뒤에 한 광명은 하여금 대사大捨를 이루어 방일과 수많은 번뇌의 뿌리를 버리고 제멸케 하는 것이다.⁴¹

---

41 원문에 사제방일중혹지근捨除放逸衆惑之根이라고 한 것은 즉 방일을 버리고 수많은 번뇌의 뿌리를 제멸케 한다는 것이니, 초게初偈는 방일放逸을 버리게 하는 것이요, 후게後偈는 중혹衆惑을 제멸케 하는 것이다.

經

又放光明名最勝이라 此光開悟一切衆하야
令於佛所普聽聞　戒定智慧增上法케하니다

常樂稱揚一切佛의　勝戒勝定殊勝慧하야
如是爲求無上道일새 是故得成此光明하니다

또 광명을 놓으니 이름이 최승最勝입니다.
이 광명이 일체중생을 열어 깨닫게 하여
하여금 부처님의 처소에서
계와 정과 지혜의 증상법을 널리 듣게 합니다.

항상 일체 부처님의
수승한 계와 수승한 정과 수승한 지혜를 칭양하기를 좋아하여
이와 같이 더 이상 없는 도를 구하였기에
이런 까닭으로 이 광명을 이룸을 얻었습니다.

疏

第七에 一光은 總彰三學이니 萬行攝盡일새 故曰普聞이라하니라

제 일곱 번째 한 광명은 삼학을[42] 한꺼번에 밝힌 것[43]이니,

---

42 그러나 『잡화기』에는 만행은 소본에 삼학으로 되어 있다 하였다.

만행을 섭수하여 다하였기에 그런 까닭으로 널리 듣게(普聞)⁴⁴ 한다 하였다.

---

43 원문에 총창삼학만행總彰三學萬行은 총창삼학總彰三學이니 만행섭진萬行攝盡이라 할 것이다. 영인본 화엄 5책, p.333, 말행末行에 이미 총창삼학總彰三學이라 하였다. 총창삼학은 아래 영인본 화엄 5책, p.350, 1행에 잡명제행雜明諸行을 상대한 말이니 영인본 화엄 5책, p.333, 말에서는 잡창만행雜彰萬行이라 하였다.

44 원문에 보문普聞은 경문經文엔 보청普聽이다.

經

又放光明名寶嚴이라 此光能覺一切衆하야
令得寶藏無窮盡하야 以此供養諸如來케하니다

以諸種種上妙寶로 奉施於佛及佛塔하고
亦以惠施諸貧乏일새 是故得成此光明하니다

又放光明名香嚴이라 此光能覺一切衆하야
令其聞者悅可意하야 決定當成佛功德케하니다

人天妙香以塗地하야 供養一切最勝王하고
亦以造塔及佛像일새 是故得成此光明하니다

又放光名雜莊嚴이라 寶幢幡蓋無央數하고
焚香散華奏衆樂하야 城邑內外皆充滿하니다

本以微妙妓樂音과 衆香妙華幢蓋等으로
種種莊嚴供養佛일새 是故得成此光明하니다

又放光明名嚴潔이라 令地平坦猶如掌하야
莊嚴佛塔及其處일새 是故得成此光明하니다

又放光明名大雲이라 能起香雲雨香水하야
以水灑塔及庭院일새 是故得成此光明하니다

또 광명을 놓으니 이름이 보엄寶嚴입니다.
이 광명이 능히 일체중생을 깨닫게 하여
하여금 보배 창고 얻기를 다함이 없이 하여
이것으로써 모든 여래에게 공양케 합니다.

모든 가지가지 최상의 묘한 보배로써
부처님과 그리고 부처님의 탑에 받들어 보시하고
또한 모든 빈궁하고 궁핍한 사람에게 은혜로이 보시하였기에
이런 까닭으로 이 광명을 이룸을 얻었습니다.

또 광명을 놓으니 이름이 향엄香嚴입니다.
이 광명이 능히 일체중생을 깨닫게 하여
그 듣는 사람으로 하여금 마음을 기쁘게 하여
결정코 마땅히 부처님의 공덕을 이루게 합니다.

인간과 천상의 묘한 향으로 땅에 발라
일체 최승왕에게 공양하고
또한 탑과 그리고 불상을 조성하였기에
이런 까닭으로 이 광명을 이룸을 얻었습니다.

또 광명을 놓으니 이름이 잡장엄雜莊嚴[45]입니다.

---

45 잡장엄雜莊嚴이란, 여러 가지를 섞어 장엄하였다는 뜻이다.

보배 당기와 번과 일산을 수없이 장엄하고
향을 사르고 꽃을 흩고 수많은 음악을 연주하여
성과 읍의 안과 밖에 다 충만케 합니다.

본래 미묘한 기악妓樂의 음악과
수많은 향과 미묘한 꽃과 당기와 일산 등으로
가지가지로 장엄하여 부처님께 공양하였기에
이런 까닭으로 이 광명을 이룸을 얻었습니다.

또 광명을 놓으니 이름이 엄결嚴潔입니다.
땅으로 하여금 평탄케 하기를 비유하자면 손바닥과 같이 하여
불탑과 그리고 그곳을 장엄하였기에
이런 까닭으로 이 광명을 이룸을 얻었습니다.

또 광명을 놓으니 이름이 대운大雲입니다.
능히 향의 구름을 일으켜 향수를 비 내려
향수로 불탑과 그리고 정원을 깨끗이 하였기에
이런 까닭으로 이 광명46을 이룸을 얻었습니다.

疏

第八에 八光은 雜明諸行호대 供養爲先이니 前五는 供敬田이라

---

46 雲은 明 자의 잘못이다.

제 여덟 번째 여덟 광명은 모든 행[47]을 섞어 밝히되 공양으로 처음을 삼았으니,
앞에 다섯 광명은 공경하는 복전[48]에 공양한 것이다.

---

[47] 원문에 제행諸行이란, 육도六度이다. 앞에서는 만행萬行이라 하였다.
[48] 원문에 경전敬田이란, 불탑佛塔이다.

經

又放光明名嚴具라　令裸形者得上服케하고
嚴身妙物而爲施일새　是故得成此光明하니다

又放光明名上味라　能令飢者獲美食케하고
種種珍饌而爲施일새　是故得成此光明하니다

又放光明名大財라　令貧乏者獲寶藏케하고
以無盡物施三寶일새　是故得成此光明하니다

또 광명을 놓으니 이름이 엄구嚴具입니다.
벗은 사람으로 하여금 최상의 옷을 얻게 하고
몸을 장엄하는 묘한 물건을 보시하였기에
이런 까닭으로 이 광명을 이룸을 얻었습니다.

또 광명을 놓으니 이름이 상미上味입니다.
능히 굶주린 사람으로 하여금 맛있는 음식을 얻게 하고
가지가지 진수성찬으로 보시하였기에
이런 까닭으로 이 광명을 이룸을 얻었습니다.

또 광명을 놓으니 이름이 대재大財입니다.
빈궁하고 궁핍한 사람으로 하여금 보배 창고를 얻게 하고
끝없는 물건으로써 삼보에게 보시하였기에

이런 까닭으로 이 광명을 이룸을 얻었습니다.

疏

後三은 施悲田이라

뒤에 세 광명은 대비의 복밭[49]에 보시한 것이다.

---

49 원문에 비전悲田이란, 중생衆生이다.

經

又放光名眼淸淨이라 能令盲者見衆色케하고
以燈施佛及佛塔일새 是故得成此光明하니다

又放光名耳淸淨이라 能令聾者悉善聽케하고
鼓樂娛佛及佛塔일새 是故得成此光明하니다

又放光名鼻淸淨이라 昔未聞香皆得聞하고
以香施佛及佛塔일새 是故得成此光明하니다

又放光名舌淸淨이라 能以美音稱讚佛하고
永除麁惡不善語일새 是故得成此光明하니다

又放光名身淸淨이라 諸根缺者令具足케하고
以身禮佛及佛塔일새 是故得成此光明하니다

又放光名意淸淨이라 令失心者得正念케하고
修行三昧悉自在일새 是故得成此光明하니다

또 광명을 놓으니 이름[50]이 안청정眼淸淨입니다.
능히 눈이 어두운 사람으로 하여금 수많은 색을 보게 하고
등불로 부처님과 그리고 불탑에 보시하였기에

---

50 明은 名의 잘못(誤)이다.

이런 까닭으로 이 광명을 이룸을 얻었습니다.

또 광명을 놓으니 이름[51]이 이청정耳淸淨입니다.
능히 귀가 먼 사람으로 하여금 다 잘 듣게 하고
고악鼓樂으로 부처님과 그리고 불탑을 즐겁게 하였기에
이런 까닭으로 이 광명을 이룸을 얻었습니다.

또 광명을 놓으니 이름[52]이 비청정鼻淸淨입니다.
옛날에 맡지 못한 향기를 다 맡음을 얻고
향으로 부처님과 그리고 불탑에 보시하였기에
이런 까닭으로 이 광명을 이룸을 얻었습니다.

또 광명을 놓으니 이름이 설청정舌淸淨입니다.
능히 아름다운 음성으로 부처님을 칭찬하고
영원히 추악하고 좋지 못한 말을 제멸하였기에
이런 까닭으로 이 광명을 이룸을 얻었습니다.

또 광명을 놓으니 이름이 신청정身淸淨입니다.
육근이 이지러진 사람으로 하여금 구족하게 하고
몸으로 부처님과 그리고 불탑에 예배하였기에
이런 까닭으로 이 광명을 이룸을 얻었습니다.

---

51 明은 名의 잘못(誤)이다.
52 明은 名의 잘못(誤)이다.

또 광명을 놓으니 이름이 의청정意淸淨입니다.
실심失心한 사람으로 하여금 바른 생각을 얻게 하고
삼매를 수행하기를 다 자재롭게 하였기에
이런 까닭으로 이 광명을 이룸을 얻었습니다.

疏

第九에 六光은 內淨六根이라

제 아홉 번째 여섯 광명은 안으로 육근을 청정케 한 것이다.

經

又放光名色淸淨이라　令見難思諸佛色케하고
以衆妙色莊嚴塔일새　是故得成此光明하니다

又放光名聲淸淨이라　令知聲性本空寂케하고
觀聲緣起如谷響일새　是故得成此光明하니다

又放光名香淸淨이라　令諸臭穢悉香潔케하고
香水洗塔菩提樹일새　是故得成此光明하니다

又放光名味淸淨이라　能除一切味中毒하고
恒供佛僧及父母일새　是故得成此光明하니다

又放光名觸淸淨이라　能令惡觸皆柔軟케하고
戈鋋劍戟從空雨하야도　皆令變作妙華鬘케하니다

以昔曾於道路中에　塗香散華布衣服하야
迎送如來令蹈上일새　是故今獲光如是하니다

又放光名法淸淨이라　能令一切諸毛孔으로
悉演妙法不思議하야　衆生聽者咸欣悟하니다

因緣所生無有生이요　諸佛法身非是身이며
法性常住如虛空하니　以說其義光如是하니다

또 광명을 놓으니 이름[53]이 색청정色淸淨입니다.
하여금 사의하기 어려운 모든 부처님의 색상을 보게 하고
수많은 묘한 색상으로 탑을 장엄하였기에
이런 까닭으로 이 광명을 이룸을 얻었습니다.

또 광명을 놓으니 이름[54]이 성청정聲淸淨입니다.
하여금 소리의 자성이 본래 공적한 줄 알게 하고
소리의 연기가 골짜기의 메아리와 같은 줄 관찰하였기에
이런 까닭으로 이 광명을 이룸을 얻었습니다.

또 광명을 놓으니 이름이 향청정香淸淨입니다.
모든 더러운 냄새로 하여금 다 향기처럼 맑게 하고
향수로 탑과 보리수를 깨끗하게 하였기에
이런 까닭으로 이 광명을 이룸을 얻었습니다.

또 광명을 놓으니 이름이 미청정味淸淨입니다.
능히 일체의 맛 가운데 독을 제거하고
항상 부처님과 스님과 그리고 부모에게 공양하였기에
이런 까닭으로 이 광명을 이룸을 얻었습니다.

또 광명을 놓으니 이름이 촉청정觸淸淨입니다.

---

53 明은 名의 잘못(誤)이다.
54 明은 名의 잘못(誤)이다.

능히 나쁜 촉감으로 하여금 다 부드럽게 하고
창과 작은 창과 칼과 미륵창[55]이 허공으로 좇아 비 내려도
다 하여금 변하여 묘한 꽃다발을 짓게 합니다.

옛날에 일찍이 도로 가운데
향을 바르고 꽃을 흩고 의복을 펴서
여래를 맞이하고 배웅하되 하여금 그 위를 밟게 하였기에
이런 까닭으로 지금에 광명을 얻은 것이 이와 같습니다.

또 광명을 놓으니 이름[56]이 법청정法淸淨입니다.
능히 일체 모든 털구멍으로 하여금
다 묘법의 사의할 수 없음을 연설하여
중생이 듣는 자는 다 기쁜 마음으로 깨닫게 합니다.

인연으로 생겨난 바는 난 것이 아니고
모든 부처님의 법신은 이 몸이 아니며
법의 자성은 항상 머물러 허공과 같나니
그 뜻을 설하였기에 광명이 이와 같습니다.

---

55 과戈는 창이요, 연鋋은 작은 창이요, 극戟은 끝이 양쪽으로 갈라진 창이다.
56 明은 名의 잘못(誤)이다.

ⓢ

第十에 六光은 外淸六境이니 文並可知라 戈者는 平頭戟也요 鋌
者는 小矛也라

제 열 번째 여섯 광명은 밖으로 육경을 청정케 한 것이니
경문은 모두 가히 알 수가 있을 것이다.
과戈라고 한 것은 끝이 평평한 창[57]이요
연鋌이라고 한 것은 작은 창이다.

---

57 원문에 두극頭戟이란, 끝이 뾰족하지 않고 평평한 창이니 끝같이 생긴 창이다.

經

如是等比光明門이　如恒河沙無限數하나니
悉從大仙毛孔出하야 一一作業各差別하니다

이와 같이 비등한 광명문이
항하강의 모래 한없는 수와 같나니
다 대선大仙의 털구멍으로 좇아 나와
낱낱이 업을 짓는 것이 각각 차별합니다.

疏

第二에 如是等比下는 結略顯廣이니 一毛之用에 光有塵沙라

제 두 번째 이와 같이 비등하다고 한 아래는 간략하게 설한 것을
맺고 폭넓게 설함을 나타낸 것이니,
한 털구멍의 업용에 광명이 작은 티끌 수 모래만치 있다는 것이다.

經

如一毛孔所放光이　　無量無數如恒沙인달하야
一切毛孔悉亦然하나니 此是大仙三昧力이니다

마치 한 털구멍에서 놓은 바[58] 광명이
한량도 없고 수도 없어 항하강의 모래와 같다고 한 것과 같아서
일체 털구멍에서 놓은 바 광명도 다 또한 그러하나니
이것은 이 대선의 삼매의 힘입니다.

疏

第三에 如一毛下는 類顯一切의 毛光業用하고 及結用所依니 謂
三昧力이라

제 세 번째 한 털구멍에서 놓은 바 광명이 항하강의 모래와 같다고
한 것과 같다고 한 아래는 일체 털구멍에서 놓은 바 광명의 업용을
비류하여 나타내고 그리고 업용의 의지하는 바[59]를 맺는 것이니,
말하자면 삼매의 힘이다.

---

58 원문에 여일모공如一毛孔 운운은, 이 부분은 입법계품入法界品에서 인용하였
다. 영인본 화엄 15책, p.321에 있다.
59 원문에 소의所依란, 곧 대선大仙의 삼매력三昧力이다.

經

如其本行所得光이　　隨彼宿緣同行者하야
今放光明故如是하나니 此是大仙智自在이니다

그 본행本行과 같이 얻은 바 광명이
저 숙세의 인연과 함께 수행한 사람을 따라
지금에 광명을 놓기에 그런 까닭으로 이와 같나니
이것은 이 대선의 지혜가 자재한 것입니다.

疏

第四에 如其下는 釋成分齊라 如是等光을 今何不見고 謂有緣者
見은 如目覩光이요 無緣不覺은 盲聾常闇이라 於中分二리니 初偈
總明이라 如其本行은 牒前往因이요 所得光者는 牒前果用이니 若
有宿緣과 及曾同行者면 則隨其所見하야 如是差別하니라

제 네 번째 그 본행과 같이 얻은 바 광명이라고 한 아래는 광명의
경계(分齊)를 해석하여 성립한 것이다.[60]

---

[60] 광명의 경계(分齊)를 해석하여 성립한 것이라고 한 것은 위에서 말하기를
광명이 항하강의 모래와 같다고 한(제 세 번째 게송의 첫 번째 구절과 제 두
번째 구절이다) 등이 이미 이 경계(분제)이지만, 그러나 지금에는 다만 한결같이
보고 보지 못하는 것이 근기에 있을지언정 광명이 두루하지 아니함에 있는
것이 아님을 나타내는 것을 해석한 것이다. 역시 『잡화기』의 말이다.

이와 같은 광명 등을 지금에 어찌 보지 못하는가.
말하자면 인연이 있는 사람이 보는 것은 눈으로 광명을 보는 것과 같고, 인연이 없는 사람이 깨닫지 못하는 것은 눈먼 사람이 항상 어둠만 보는 것과 같다.
그 가운데 두 가지로 나누리니
처음에 한 게송은 한꺼번에 밝힌 것이다.
그 본행과 같다고 한 것은 앞에 왕석의 인연을 첩석한 것이요 얻은 바 광명이라고 한 것은 앞에 과보의 업용을 첩석한 것이니, 만약 숙세의 인연과 그리고 일찍이 함께 수행한 사람[61]이 있다면 곧 그 사람의 보는 바를 따라서 이와 같이 차별한 것이다.

---

[61] 숙세의 인연과 그리고 일찍이 함께 수행한 사람이라고 한 것은 함께 수행한 것이 인연에 통하지만 여기는 원인의 뜻을 잡은 까닭으로 따로 거론한 것이고, 아래는 조연의 뜻을 잡은 까닭으로 합하여 밝힌 것이다. 이상은 역시 『잡화기』의 말이다. 아래는 조연의 뜻이라 한 그 아래란 바로 다음 게송을 말한다.

經

往昔同修於福業하며 及有愛樂能隨喜하며
見其所作亦復然할새 彼於此光咸得見하니다

若有自修衆福業하며 供養諸佛無央數하며
於佛功德常願求하면 是此光明所開覺하리다

왕석에 복업을 함께 닦았으며
그리고 사랑하고 좋아함이 있어서 능히 따라 기뻐하였으며
그가 지은 바를 보는 것도 또한 다시 그렇게 하였기에[62]
저 사람이 이 광명을 다 봄을 얻었습니다.

만약 어떤 사람이 스스로 수많은 복업을 닦으며
모든 부처님께 수없이 공양하며
부처님의 공덕을 항상 서원코 구하려 한다면
이 사람은 이 광명으로 열어 깨달을 바일 것입니다.

疏

後六偈는 別顯이니 於中初二는 法說이요 後四는 喩說이라 前中初

---

62 또한 다시 그렇게 하였다고 한 것은 또한 같이 지은 것을 말한 것이니 소문에 다만 지은 바만 본다고 말한 것은 다만 경문에 그가 지은 바를 본다고(見其所作) 한 글자만 가리킨 것이다. 역시 『잡화기』의 말이다.

偈는 宿緣이라 宿有四緣하니 一은 昔同業이요 二는 愛其行이요 三은 能隨喜요 四는 但見所作이라 後偈는 現因이니 不必有緣이라도 但功行內著하면 光明爰燭이라 有三種因하니 一은 修廣福이요 二는 供多佛이요 三은 求佛果니 卽福智二嚴也라 上之七類는 皆蒙光照니라

뒤에 여섯 게송은 따로 나타낸 것이니
그 가운데
처음에 두 게송은 법으로 설한 것이요
뒤에 네 게송은 비유로 설한 것이다.

앞에 법으로 설한 가운데 처음에 게송은 숙세의 조연이다.
숙세의 조연에 네 가지 조연이 있나니
첫 번째는 왕석에 복업을 함께 닦은 것이요
두 번째는 그 행을 사랑한 것이요
세 번째는 능히 따라 기뻐한 것이요
네 번째는 다만 지은 바만 본 것이다.

뒤에 게송은 현재의 원인이니
반드시 조연이 있지 아니할지라도 다만 부처님의 공덕을 행한 것이 안으로 나타나기만 하면 광명이 이에 비치는 것이다.
현재에 세 가지 원인이 있나니
첫 번째는 넓은 복업을 닦는 것이요

두 번째는 많은 부처님께 공양하는 것이요
세 번째는 부처님의 과보를 구하는 것이니
곧 복덕과 지혜의 두 장엄이다.
이상에 일곱 가지 인연의 유형[63]은 다 광명의 비춤을 입은 것이다.

---

[63] 일곱 가지 인연의 유형이란, 숙세에 네 가지 조연과 현재에 세 가지 원인이다.

經

譬如生盲不見日이나 非爲無日出世間하야
諸有目者悉明見하야 各隨所務修其業하니다

大士光明亦如是하야 有智慧者皆悉見이나
凡夫邪信劣解人은 於此光明莫能覩하니다

비유하자면 생맹生盲⁶⁴이 태양을 보지 못하지만
태양이 세간에 나온 적이 없지 않아서
모든 눈 있는 사람은 다 밝게 보아
각각 힘쓸 바를 따라서 그 업을 닦는 것과 같습니다.

대사의 밝은 광명도 또한 이와 같아서
지혜가 있는 사람은 다 볼 수 있지만
범부와 삿되게 믿는 사람과 하열하게 아는 사람은
이 광명을 능히 볼 수 없습니다.

疏

二는 喩說中에 雙明見與不見이니 二喩에 皆有法合이라 初에 日出
喩는 喩光爲益因이니 合中謂法日常明에 有智慧者는 心不住法

---

64 생맹生盲이란, 태어나면서 눈이 어두운 사람이다.

이 如人有目에 則能得見이나 有三類人은 則不能見이라하니라 一者는 凡愚요 二는 邪信外道요 三은 劣解二乘이니 皆無因緣이 如人無目이라

두 번째는 비유로 설한 가운데 보는 것과 더불어 보지 못하는 것을 함께 밝힌 것이니,
두 가지 비유⁶⁵에 다 법합이 있다.
처음에 태양⁶⁶이 나온 비유는 광명이 이익이 되는 원인을 비유한 것이니,
법합 가운데 말하기를 진리의 태양이 항상 밝음에 지혜 있는 사람은 마음이 진리에 머물지 않는 것이 마치 사람이 눈이 있음에 곧 능히 봄을 얻지만 세 가지 유형의 사람은 곧 능히 보지 못함이 있는 것과 같다 하였다.
첫 번째는 범부의 어리석은 사람이요,
두 번째는 삿되게 믿는 외도요,
세 번째는 하열하게 아는 이승이니
다 인연이 없는 것이 마치 사람이 눈이 없는 것과 같다.

---

65 원문에 이유二喩란, 一에 일출유日出喩와 二에 보엄유寶嚴喩이다.
66 初日이라 한 아래에 소본에는 출出 자가 있다. 역시 『잡화기』의 말이다. 따라서 보증하여 번역하였다.

經

摩尼宮殿及輦乘을　妙寶靈香以塗瑩하나니
有福德者自然備나　非無德者所能處니이다

大士光明亦如是하야 有深智者咸照燭이나
邪信劣解凡愚人은　無有能見此光明하니다

마니궁전과 그리고 임금이 타는 수레를
묘한 보배와 신령한 향으로 바르고 비추나니[67]
복덕이 있는 사람은 자연히 갖출 수 있지만
복덕이 없는 사람은 능히 거처할 바가 아닙니다.

대사의 광명도 또한 이와 같아서
깊은 지혜가 있는 사람은 다 비춤[68]을 보지만
삿되게 믿는 사람과 하열하게 아는 사람과 범부의 어리석은 사람은
능히 이 광명을 볼 수 없습니다.

疏

後에 寶嚴喩는 喩光正益이니 明法寶常存이나 由福無福하야 有處

---

67 塗는 香이고, 瑩은 寶이다.
68 觸은 燭 자의 잘못이다.

不處니라

뒤에 보배 장엄의 비유는 광명이 바로 이익케 함을 비유한 것이니, 진리의 보배가 항상 있지만 복이 있고 복이 없음을 인유하여 있는 곳도 있고 있지 않는 곳도 있음을 밝힌 것이다.

經

若有聞此光差別하고 能生淸淨深信解인댄
永斷一切諸疑網하야 速成無上功德幢하리다

만약 어떤 사람이 이 광명이 차별하다고 함을 듣고
능히 청정하고 깊은 믿음과 지혜를 낸다면
영원히 일체 모든 의심의 그물을 끊어
속히 더 이상 없는 공덕의 당기를 이룰 것입니다.

疏

第五에 若有下에 一頌은 明聞信光益이니 謂信仰解了하야 不生疑
惑인댄 則成佛果리라 不以不見으로 疑菩薩之無光하며 不以極苦
莫救로 謂光明之無益하며 亦不高推果用하야 謂菩薩不能일새 故
云永斷諸疑라하니라

제 다섯 번째 만약 어떤 사람이라고 한 아래에 한 게송은 광명이
차별하다는 소리를 듣고 믿는 이익을 밝힌 것이니,
말하자면 신앙으로 우러러보고 지해로 요달하여 의혹을 내지 않는다
면 곧 불과를 이룰 것이다.
보지 못한 것으로써 보살이 광명이 없다고 의심하지 아니하며,
극한 고통을 구원하지 못한 것으로써 광명이 이익이 없다고 말하지
아니하며,

또한 높이 불과의 작용에 미루어 보살이 능하지 못하다고 말하지 아니하기에 그런 까닭으로 말하기를 영원히 모든 의심을 끊는다고 하였다.

鈔

不以不見等者는 此下는 別釋絶疑之義이니 絶於三疑라 一은 以不見으로 疑無光明이요 二는 不救極苦로 謂光無益이니 經文에 以如盲不見日等으로 雙釋二疑라 三에 亦不高推果用下는 又遣一疑니 謂此作用은 是佛果用이요 非十信故니라 八에 毛光照益三昧門은 竟이라

보지 못한 것이라고 한 등은 이 아래에는 의심을 끊는 뜻을 따로 해석한 것이니
세 가지 의심을 끊는 것이다.
첫 번째는 보지 못한 것으로써 광명이 없다고 의심하는 것을 끊는 것이요
두 번째는 극한 고통을 구원하지 못한 것으로써 광명이 이익이 없다고 말하는 것을 끊는 것이니,
경문에 비유하자면 생맹生盲이 태양을 보지 못하지만이라 한 등으로써 두 가지 의심[69]을 함께 해석하였다.
세 번째 또한 높이 불과의 작용에 미룬다고 한 아래는 또 한 가지

---

69 원문에 이의二疑란, 첫 번째 의심과 두 번째 의심이니, 다 광명光明에 대한 의심이다. 영인본 화엄 5책, p.356, 4행 경문을 볼 것이다.

의심을 보내는 것이니,
말하자면 이 작용은 이 불과의 작용이고 십신十信의 작용이 아닌 까닭이다.

여덟 번째 털구멍의 광명으로 비추어 이익케 하는 삼매문은 마친다.

經

有勝三昧能出現하니 眷屬莊嚴皆自在하며
一切十方諸國土에　佛子衆會無倫匹하니다

수승한 삼매가 있어 능히 출현하니
권속 장엄도 다 자재하며
일체 시방의 모든 국토에
불자들의 모인 대중이 짝할 사람이 없습니다.

疏

第九에 有勝三昧下에 六頌은 主伴嚴麗三昧門이며 亦是出現三昧라 文分三別하리니 初一은 標門顯意라

제 아홉 번째 수승한 삼매가 있다고 한 아래에 여섯 게송은 주·반[70]이 장엄하여 빛나게 하는 삼매문이며 역시 출현삼매이다.
경문을 나누어 세 가지로 분별하리니
처음에 한 게송은 삼매문을 표하여 뜻을 나타낸 것이다.

---

[70] 주·반이라고 한 것은 반 가운데 또한 권속 보살과 권속 중생이 있나니 경문을 찾아보면 가히 알 수가 있을 것이다. 역시 『잡화기』의 말이다.

經

有妙蓮華光莊嚴호대　量等三千大千界어든
其身端坐悉充滿하나니　是此三昧神通力이니다

復有十刹微塵數인　妙好蓮華所圍遶에
諸佛子衆於中坐하나니　住此三昧威神力이니다

宿世成就善因緣하고　具足修行佛功德한
此等衆生遶菩薩하고　悉共合掌觀無厭하니다

譬如明月在星中하야　菩薩處衆亦復然거든
大士所行法如是하나니　入此三昧威神力이니다

묘한 연꽃이 있어 광명으로 장엄하되
양이 삼천대천세계와 같거든
그 몸이 단정히 앉아 다 충만하나니
이것은 이 삼매에 신통의 힘입니다.

다시 열 부처님 세계의 작은 티끌 수만치 많은
묘호한 연꽃이 있어 에워싼 곳에
모든 불자 대중이 그 가운데 앉아 있나니
이 삼매에 머문 위신력입니다.

숙세에 좋은 인연을 성취하고
부처님의 공덕을 갖추어 수행한
이런 등의 중생이 보살을 에워싸고
다 함께 합장하여 관찰하되 싫어함이 없습니다.

비유하자면 밝은 달이 별 가운데 있는 것과 같아서
보살이 대중 가운데 있는 것도 또한 다시 그러하거든
대사가 행하는 바 법이 이와 같나니
이 삼매에 들어간 위신력입니다.

疏

次四는 明一方業用이니 於中前三은 法說이요 後一은 喩合이라
旣言量等三千인댄 則不壞次第니 劣於十地와 及等覺也라

다음에 네 게송은 한 방위의 업용을 밝힌 것이니
그 가운데 앞에 세 게송은 법으로 설한 것이요
뒤에 한 게송은 비유로 합하여 설한 것이다.
이미 양이 삼천대천세계와 같다고 말하였다면 곧 차례를 무너뜨리지 아니한 것이니
십지와 그리고 등각보다 하열한 것이다.

鈔

旣言量等三千等者는 此亦遮其不信十信의 八相成道니 謂十地方

能일새 故云不壞次第라하니라 謂十地菩薩이 受職에 有大蓮華호대
量等百萬三千大千世界라하니 十定品辨하니라 等覺菩薩은 有一蓮
華호대 量周法界라하니 周法界는 唯大요 百萬億은 中이요 但言三千
일새 故劣後二니라

이미 양이 삼천대천세계와 같다고 말한 등은 이것은 또한 십신의
팔상성도를 믿을 수 없다고 한 것을 막는 것이니,
말하자면 십지라야 바야흐로 능하기에 그런 까닭으로 말하기를
차례를 무너뜨리지 않는다 하였다.
말하자면 십지보살이 직위를 받음에 큰 연꽃이 있으되 양이 백만
삼천대천세계와 같다 하였으니 십정품에 분별한 것과 같다.
등각보살은 한 연꽃이 있으되 양이 법계에 두루한다 하였으니
법계에 두루한다고 한 것은 오직 큰 것이요,[71]
백만억이라고 한 것은 중간이요,
다만 삼천이라고만 말하였기에 그런 까닭으로 뒤에 둘[72]보다 하열한
것이다.

---

71 법계에 두루한다고 한 것은 오직 큰 것이라고 한 것은, 그 뜻에 말하기를
   법계에 두루한다고 한 것은 오직 큰 것이라고 하였다면 곧 다름을 가려
   스스로 우열優劣함을 볼 필요는 없는 것이다. 억億은 아래 경문에는 없다.
   역시 『잡화기』의 말이다.
72 원문에 후이後二란, 십지보살중十地菩薩中과 등각보살대等覺菩薩大이다. 劣
   자는 곧 小이다.

經

如於一方所示現의　　諸佛子衆共圍遶하야
一切方中悉如是하나니 住此三昧威神力이니다

한 방위에서 시현한 바의
모든 불자 대중이 함께 에워싼 것과 같아서
일체 방위 가운데서도 다 이와 같이 하나니
이 삼매에 머문 위신력입니다.

疏

三一頌은 類顯十方이라 九에 主伴嚴麗三昧門은 竟이라

세 번째 한 게송은 시방을 비류하여 나타낸 것이다.

아홉 번째 주·반이 장엄하여 빛나게 하는 삼매문은 마친다.

經

有勝三昧名方網이라 菩薩住此廣開示하야
一切方中普現身호대 或現入定或從出하나이다

수승한 삼매가 있나니 이름이 방망方網입니다.
보살이 여기에 머물러 널리 열어 보여
일체 방위 가운데 널리 몸을 나타내되
혹은 삼매에 들어감을 나타내기도 혹은 좇아 나옴을 나타내기도
합니다.

疏

第十에 有勝三昧下에 三十四頌半은 明寂用無涯三昧門이라 約
處인댄 名爲方網이요 約相인댄 是謂寂用이니 亦總顯上來의 動寂
無二故니라 文分爲三하리니 初一은 標名總辨이니 十方交絡하야
出入縱橫일새 故名爲網이라

제 열 번째 수승한 삼매가 있다고 한 아래에 서른네 게송 반은
적체와 작용이 끝이 없는 삼매문을 밝힌 것이다.
처소를 잡는다면 이름을 방망이라 하고 모습을 잡는다면 이에 적체
와 작용이라 말하나니,
또한 상래에 동용과 적체가 둘이 없음을 모두 나타내는 까닭이다.

경문을 나누어 세 가지로 하리니

처음에 한 게송은 삼매의 이름을 표하여 한꺼번에 분별한 것이니 시방에 서로 이어 출입하기를 종행으로 하기에 그런 까닭으로 이름을 방망方網이라 하는 것이다.

◯經

或於東方入正定하야　而於西方從定出하며
或於西方入正定하야　而於東方從定出하니다

或於餘方入正定하야　而於餘方從定出하며
如是入出遍十方하나니　是名菩薩三昧力이니다

盡於東方諸國土에　所有如來無數量이거든
悉現其前普親近하야　住於三昧寂不動하고

而於西方諸世界의　一切諸佛如來所에
皆現從於三昧起하야　廣修無量諸供養하니다

盡於西方諸國土에　所有如來無數量이거든
悉現其前普親近하야　住於三昧寂不動하고

而於東方諸世界의　一切諸佛如來所에
皆現從於三昧起하야　廣修無量諸供養하니다

如是十方諸世界에　菩薩悉入無有餘하야
或現三昧寂不動하며　或現恭敬供養佛하니다

혹은 동방에서 정정正定[73]에 들어가
서방에서 정정으로 좇아 나오기도 하며

혹은 서방에서 정정에 들어가
동방에서 정정으로 좇아 나오기도 합니다.

혹은 나머지 방위에서 정정에 들어가
나머지 방위에서 정정으로 좇아 나오기도 하며
이와 같이 입출入出하기를 시방에 두루하게 하나니
이것이 이름이 보살의 삼매력입니다.

모든 동방의 모든 국토에
계시는 바 여래가 수도 없고 한량도 없거든
다 그 앞에 나타나 널리 친근하여
삼매에 머물러 고요히 움직이지 않고

서방의 모든 세계에
일체 모든 부처님 여래의 처소에서
다 삼매를 좇아 일어나[74]
널리 한량없는 모든 공양 닦음을 시현합니다.

모든 서방의 모든 국토에
계시는 바 여래가 한량도 없고 수도 없거든
다 그 앞에 나타나 널리 친근하여

---

73 정정正定이란, 바른 삼매이다.
74 力 자는 起 자의 잘못이다.

삼매에 머물러 고요히 움직이지 않고

동방의 모든 세계에
일체 모든 부처님 여래의 처소에서
다 삼매로 좇아 일어나
널리 한량없는 모든 공양 닦음을 시현합니다.

이와 같이 시방의 모든 세계에
보살이 다 남김없이 삼매에 들어가
혹은 삼매에서 고요히 움직이지 아니함을 나타내기도 하며
혹은 부처님께 공경하고 공경함을 나타내기도 합니다.

疏

二에 或於下에 三十二頌半은 正顯業用이요 三에 是名下에 一頌은 總結難思라 就業用中하야 分三하리니 初에 二頌은 於十方處에 交絡出入이니 明於器世間自在요 二에 有五頌은 十方佛所에 入出無礙니 明於智正覺世間自在요 三에 於眼根下에 二十五頌半은 通顯於三世間自在라 菩薩이 於三世間自在가 略有二義하니 一은 以自身으로 作三世間일새 故得自在요 二는 菩薩이 於三世間處에 示現自在라 今此三段에 初二는 約後義요 後一은 通二義니 文或綺互나 理實皆具니라 初二世間에 略有四重無礙하니 一은 約處니 謂東處卽是西處라 是故菩薩이 常在東이 恒在西也라 二

는 約佛이니 謂東佛卽西佛이라 是故在東佛이 恒在西佛이라 三은 約菩薩身不分이니 謂在東之身이 卽是西身이라 四는 約定이니 謂入定卽是出定이라 所以爾者를 略顯二因하니 一은 以所觀之法이 事隨理融하야 相卽自在故요 二는 能觀之心이 亦寂用無礙故라 然此文中엔 爲顯菩薩의 祕密隱顯自在德故로 但說後二니 若辨前二인댄 則似菩薩無力하니라

두 번째 혹은 동방에서라고 한 아래에 서른두 게송 반은 바로 업용을 나타낸 것이요
세 번째 이 이름[75]이 한량없는 공덕자라고 한 아래에 한 게송은 사의하기 어려운 것을 한꺼번에 맺는 것이다.
업용 가운데 나아가 세 가지로 나누리니
처음에 두 게송은 시방의 처소에 서로 이어 출입하는 것이니
기세간에 자재함을 밝힌 것이요
두 번째 다섯 게송이 있는 것은 시방의 부처님 처소에 출입을 걸림 없이 하는 것이니
지정각세간에 자재함을 밝힌 것이요

---

75 이 이름이라고 한 것은 영인본 화엄 5책, p.391, 5행이다. 그러나 『잡화기』는 삼시三是로부터 용중用中까지 열네 자는 소본에 없으니 당연히 연자衍字이다. 그러나 아래 총결(영인본 화엄 5책, p.391, 7행 소문이다) 가운데 다만 총결만 거론한 것은 가히 소주疏主가 여기에 이미 이 이름을 표하여 갖추어 말한 것을 보게 한 것뿐이다 하였다. 그러나 나는 이 열네 자가 있다 하여도 무방하다고 본다.

세 번째 안은 가운데라고 한 아래에 스물다섯 게송 반은 삼세간에 자재함을 한꺼번에 나타낸 것이다.
보살이 삼세간에 자재한 것이 간략하게 두 가지 뜻이 있나니
첫 번째는 자신으로써 삼세간을 만들기에 그런 까닭으로 자재함을 얻는 것이요
두 번째는 보살이 삼세간의 처소에 시현하는 것이 자재한 것이다.

지금 이 삼단에 처음에 이단二段은 뒤에 뜻[76]을 잡은 것이요
뒤에 일단一段은 두 가지 뜻에 통하나니 문장이 혹 비단같이 서로 얽혀 있기도 하지만 이치는 실로 다 갖추었다 하겠다.
처음 이세간二世間에 간략하게 사중四重의 무애無礙가 있나니
첫 번째는 처소를 잡은 것이니,
말하자면 동방의 처소가 곧 서방의 처소이다.
이런 까닭으로 보살이 항상 동방에 있는 것이 항상 서방에 있는 것이다.
두 번째는 부처님을 잡은 것이니,
말하자면 동방의 부처님이 곧 서방의 부처님이다.
이런 까닭으로 동방에 있는 부처님이 항상 서방에 있는 부처님이다.
세 번째는 보살의 몸을 나눌 수 없음을 잡은 것이니,
말하자면 동방에 있는 몸이 곧 서방에 있는 몸이다.
네 번째는 정定을 잡은 것이니,

---

[76] 원문에 후의後義는 二에 시현자재示現自在이다.

말하자면 입정이 곧 출정이다.
그런 까닭을 간략하게 두 가지 원인으로 나타내리니
첫 번째는 관찰할 바 법이 사실이 진리를 따라 융합하여 서로 즉하여[77] 자재한 까닭이요
두 번째는 능히 관찰하는 마음이 또한 적체와 작용에 걸림이 없는 까닭이다.
그러나 이 경문 가운데는 보살의 비밀은현자재덕을 나타내기 위한 까닭으로 다만 뒤에 두 가지만[78] 설하였을 뿐이니,
만약 앞에 두 가지를[79] 분별한다면 곧 보살이 힘이 없다는 것과 같다 할 것이다.

---

77 卽 자 아래에 自 자가 있는 것이 좋다. 단 속장경에만 自 자가 있다.
78 뒤에 두 가지란, 세 번째 보살의 몸을 나눌 수 없는 것과 네 번째 정定이다.
79 앞에 두 가지란, 첫 번째 처소와 두 번째 부처님이다.

經

於眼根中入正定하야   於色塵中從定出호대
示現色性不思議하나니 一切天人莫能知니이다

於色塵中入正定하야   於眼起定心不亂하야
說眼無生無有起하며   性空寂滅無所作하니다

於耳根中入正定하야   於聲塵中從定出호대
分別一切語言音하나니 諸天世人莫能知니이다

於聲塵中入正定하야   於耳起定心不亂하야
說耳無生無有起하며   性空寂滅無所作하니다

於鼻根中入正定하야   於香塵中從定出호대
普得一切上妙香하나니 諸天世人莫能知니이다

於香塵中入正定하야   於鼻起定心不亂하야
說鼻無生無有起하며   性空寂滅無所作하니다

안근 가운데서 정정에 들어가
색진 가운데서 정정으로 좇아 나오되
색진의 자성이 불가사의함을 시현하나니
일체 하늘과 사람들이 능히 알 수 없습니다.

색진 가운데서 정정에 들어가
안근 가운데서 정정으로 좇아 일어나오되 마음이 산란하지 않아
안근이 난 적도 없고 일어난 적도 없으며
안근의 자성이 공하고 적멸하여 지을 바가 없음을 설합니다.

이근 가운데서 정정에 들어가
성진 가운데서 정정으로 좇아 나오되
일체 말소리를 분별하나니
모든 하늘과 세상 사람들이 능히 알 수 없습니다.

성진 가운데서 정정에 들어가
이근 가운데서 정정으로 좇아 일어나오되 마음이 산란하지 않아
이근이 난 적도 없고 일어난 적도 없으며
이근의 자성이 공하고 적멸하여 지을 바가 없음을 설합니다.

비근 가운데서 정정에 들어가
향진 가운데서 정정으로 좇아 나오되
널리 일체 최상의 묘한 향을 얻나니
모든 하늘과 세상 사람들이 능히 알 수 없습니다.

향진 가운데서 정정에 들어가
비근 가운데서 정정으로 좇아 일어나오되 마음이 산란하지 않아
비근이 난 적도 없고 일어난 적도 없으며

비근의 자성이 공하고 적멸하여 지을 바가 없음을 설합니다.

經

於舌根中入正定하야　於味塵中從定出호대
普得一切諸上味하나니 諸天世人莫能知니이다

於味塵中入正定하야　於舌起定心不亂하야
說舌無生無有起하며　性空寂滅無所作하니다

於身根中入正定하야　於觸塵中從定出호대
善能分別一切觸하나니 諸天世人莫能知니이다

於觸塵中入正定하야　於身起定心不亂하야
說身無生無有起하며　性空寂滅無所作하니다

於意根中入正定하야　於法塵中從定出호대
分別一切諸法相하나니 諸天世人莫能知니이다

於法塵中入正定하야　於意起定心不亂하야
說意無生無有起하며　性空寂滅無所作하니다

설근 가운데서 정정에 들어가
미진 가운데서 정정으로 좇아 나오되
널리 일체 모든 최상의 맛을 얻나니
모든 하늘과 세상 사람들이 능히 알 수 없습니다.

미진 가운데서 정정에 들어가
설근 가운데서 정정으로 좇아 일어나오되 마음이 산란하지 않아
설근이 난 적도 없고 일어난 적도 없으며
설근의 자성이 공하고 적멸하여 지을 바가 없음을 설합니다.

신근 가운데서 정정에 들어가
촉진 가운데서 정정으로 좇아 나오되
잘 능히 일체 촉경을 분별하나니
모든 하늘과 세상 사람들이 능히 알 수 없습니다.

촉진 가운데서 정정에 들어가
신근 가운데서 정정으로 좇아 일어나오되 마음이 산란하지 않아
신근이 난 적도 없고 일어난 적도 없으며
신근의 자성이 공하고 적멸하여 지을 바가 없음을 설합니다.

의근 가운데서 정정에 들어가
법진 가운데서 정정으로 좇아 나오되
일체 모든 법상을 분별하나니
모든 하늘과 세상 사람들이 능히 알 수 없습니다.

법진 가운데서 정정에 들어가
의근 가운데서⁸⁰ 정정으로 좇아 일어나오되 마음이 산란하지 않아
의근이 난 적도 없고 일어난 적도 없으며

의근의 자성이 공하고 적멸하여 지을 바가 없음을 설합니다.

疏

三에 於眼下는 通顯於三世間自在라 文分爲四하리니 一은 明根境相對하야 以辨自在요 二에 童子下는 明於他身自在요 三에 鬼神下는 明微細自在요 四에 一切塵下는 器界事中에 以辨自在라 今初는 十二頌에 六對니 一一對中에 有十義五對의 無礙之相이라 欲辨無礙인댄 先須明識定慧니 此中云호대 三昧起者는 觀也요 入正受者는 定也라 定慧雖多나 不出二種이니 一事二理라 制之一處하야 無事不辨은 事定門也요 能觀心性하야 契理不動은 理定門也며 明達法相은 事觀也요 善了無生은 理觀也라 諸經論中에 或單說事定하고 或但明理定하니 二觀亦然하니라 或敵體事理와 止觀相對하고 或以事觀으로 對於理定하니 如起信論에 止一切相하야 乃至心不可得으로 爲止하고 而觀因緣生滅로 爲觀하니라 或以理觀으로 對於事定하니 下經云호대 一心不動入諸禪하야 了境無生名般若라호미 是也라 或俱通二하니 如下云호대 禪定持心常一緣이요 智慧了境同三昧라호미 是也라 或二俱泯하니 非定非散이라 或卽觀之定을 但名爲定하니 如觀心性名上定이라호미 是也라 或卽定之觀을 但名爲觀하니 如以無分別智觀을 名般若라호미 是也라 或說雙運하니 謂卽寂之照라호미 是也라 所以로 局見之者

---

80 從 자는 於 자의 잘못(誤)이다.

는 隨矚一文일새 互相非撥하고 偏修之者는 隨入一門일새 皆有剋
證이나 然非圓暢일새 今此經文에 巧顯無礙니라

세 번째 안근 가운데라고 한 아래는 삼세간의 자재함을 한꺼번에
나타낸[81] 것이다.
경문을 나누어 네 가지로 하리니
첫 번째는 육근과 육경이 상대함을 밝혀 자재함을 분별한 것이요
두 번째 동자 몸[82] 가운데라고 한 아래는 다른 몸의 자재함을 밝힌
것이요
세 번째 귀신 몸[83] 가운데라고 한 아래는 미세진微細塵의 자재함을
밝힌 것이요
네 번째 일체 미진 가운데라고 한 아래는 기세계器世界 일 가운데
자재함을 분별한 것이다.

지금은 처음으로 열두 게송에 여섯 가지 상대가 있나니,
낱낱 상대 가운데 십의十義 오대五對[84]의 걸림이 없는 모습이 있다.
걸림이 없음을 분별하고자 한다면 먼저 반드시 정과 혜를 분명히
알아야 하나니,

---

81 원문에 통현어삼세간通顯於三世間이라고 한 것은 다만 근根과 경境만을 나타낸
  다면 근根은 부처님과 중생에게 통하고, 경境은 곧 기세간器世間이다.
82 두 번째 동자 몸 운운은 영인본 화엄 5책, p.387, 3행이다.
83 세 번째 귀신 몸 운운은 영인본 화엄 5책, p.389, 1행이다.
84 오대五對는 영인본 화엄 5책, p.372, 1행에 설출하였다.

이 가운데 말하기를 삼매(定)로 좇아 일어난다고 한 것은 관觀이요 정정(正受)에 들어간다[85]고 한 것은 정定이다.
정과 혜(定慧)가 비록 많지만 두 가지를 벗어나지 않나니
첫 번째는 사정문事定門이요,
두 번째는 이정문理定門이다.
마음을 한곳에 제지하여 일마다 갖추지 아니함이 없는 것은 사정문이요
능히 심성을 관찰하여 진리에 계합하여 움직이지 않는 것은 이정문이며
법상을 분명하게 요달하는 것은 사관事觀이요
무생無生을 잘 아는 것은 이관理觀이다.

모든 경론 가운데 혹은 단적으로 사정事定만 설하기도 하고 혹은 다만 이정理定만 밝히기도 하였으니,
이관二觀도 또한 그러한 것이다.
혹은 자체를 대적하여 사리事理와[86] 지관止觀으로 상대하기도 하고
혹은 사관으로 이정을 상대하기도 하였으니,
『기신론』에 일체상을 그쳐 내지 한 마음도 가히 얻을 것이 없는 것으로 지止를 삼고 인연으로 생멸함을 관찰하는 것으로 관觀을

---

85 원문에 입정수자入正受者는 영인본 화엄 5책, p.380, 5행에도 나온다.
86 원문에 적체사리敵體事理 운운은 사지事止와 사관事觀으로 상대相對하고 이지理止와 이관理觀으로 상대相對하는 것이다. 그러나 『잡화기』는 상대相對"하니" 토라 하니 아닐까 염려한다.

삼는다고 한 것과 같다.

혹은 이관으로써 사정을 상대하기도 하였으니,

하경下經[87]에 말하기를 한 마음이 움직이지 않고 모든 선정에 들어가[88] 경계가 생기한 적이 없는 줄 아는 것을 이름하여 반야라 한다 한 것이 이것이다.

혹은 두 가지를 함께 통석하기도 하였으니,

하경[89]에 말하기를 선정으로 마음을 가지면 항상 한 인연[90]이요, 지혜로 경계를 요달하면 다 삼매라 한 것이 이것이다.

혹은 두 가지를 함께 민절하기도 하였으니,

삼매도 아니고 산란도 아니다.

혹은 관觀에 즉한 정정을 다만 이름하여 정定이라 하기도 하였으니, 심성을 관찰하는 것을 이름하여 최상의 정이라 하는 것과 같다고 한 것이 이것이다.

---

87 하경下經이란, 제칠지경第七地經이니 영인본 화엄 5책, p.50, 9행에 이미 설출한 바 있다.
88 모든 선에 들어간다고 한 것은 모든 선은 다 이 사정事定인 까닭이요, 경계가 생기한 적이 없다고 한 것은 이미 생기한 적이 없다고 말하였다면 곧 이것은 이경理境이라 할 것이다. 역시 『잡화기』의 말이다.
89 하경이란, 삼십삼경三十三經이니 영인본 화엄 5책, p.50, 9행에 이미 설출하였다.
90 한 인연이라고 한 것은 이일理一과 사실事一에 통하는 까닭으로 이것은 이정理定과 사정事定에 통하는 것이요, 바로 아래에 경계를 요달한다고 한 경자境字는 이경理境과 사경事境에 통하는 까닭으로 이것은 이관理觀과 사관事觀에 통하는 것이다. 역시 『잡화기』의 말이다.

혹은 정에 즉한 관을 다만 이름하여 관이라 하기도 하였으니,
무분별지無分別智로써 관찰하는 것을 이름하여 반야라 한다 한 것이
이것이다.
혹은 함께 운행함을 설하기도 하였으니,
말하자면 적寂에 즉한 조照라고 한 것이 이것이다.
그런 까닭으로 보는 것에만 국한된 사람은 한 문장만 봄을 따르기에
서로 서로 다스리지 못하고, 닦는 것에만 치우친 사람[91]은 한 문門에만
들어감을 따르기에 다 반드시 증득함이 있기는 하지만 그러나 원만
하게 통달한 것이 아니기에 지금에 이 경문에서 선교로 걸림 없이
통달함을 나타낸 것이다.

鈔

制之一處等者는 卽遺敎經文이라 然亦可通이나 以其先後類例가 多
約事故니 卽是彼經의 八大人覺中에 第二明精進이라 初云호대 汝等
比丘가 已能住戒인댄 當制五根하야 勿令放逸케하라하고 乃至云호대
此五根者는 心爲其主라 是故汝等은 當好制心하야 心之可畏를 甚於
毒蛇와 惡獸怨賊하리니 大火越逸로도 未足踰也니라 喩如有人이 手
執蜜器하고 動轉輕躁하야 但觀於蜜하고 不見深坑하며 譬如狂象無
鉤하며 猿猴得樹하야 騰躍跳擲을 難可禁制하나니 當急挫之하야 無
令放逸케하라 縱此心者는 喪人善事하고 制之一處는 無事不辦하리

---

[91] 원문에 국견지자局見之者란 강사講師이고, 원문에 편수지자偏修之者란 선사禪
師이다.

라 是故比丘는 當勤精進하야 折伏汝心하라하니라 能觀心性等者는
上句는 卽涅槃經意라 彼第二十七師子吼品이니 以彼立三品定故
라 經云호대 善男子야 一切衆生이 具三種定하니 謂上中下라 上者는
謂佛性也니 以是故言호대 一切衆生이 悉有佛性이요 中者는 一切衆
生이 具足初禪等이요 下者는 十大地中에 心數定也라하니 今但義引
耳니라 契理不動은 卽義說也라 觀其心性은 卽是觀門이나 而云定者
는 心性是理요 觀卽契理니 與理相應하야 湛然不動일새 故名爲定이
라 明達法相事觀者는 如起信等이라 善了無生者는 卽七地經云호대
了法無生을 名般若라호미 是也라

마음을 한곳에 제지한다고 한 등은 곧 『유교경』의 문장이다.
그러나 또한 가히[92] 사정문과 이정문에 통하지만 그 선후에 비류하여
예한 것이 다분히 사정문을 잡은 까닭이니,[93]
곧 저 『유교경』 팔대인각八大人覺[94] 가운데 제 두 번째 정진을 밝힌
것이다.

---

[92] 또한 가히 통한다고 한 것은 하나에 이일理一과 사일事一이 있는 까닭이다. 역시 『잡화기』의 말이다. 그러나 『유망기』는 마음을 한곳에 제지한다는 말이 사리에 통하지만, 저 『유교경』은 선후에 다분히 사실만 잡은 까닭으로 지금에는 사정문에 배속한 것이다 하였다.
[93] 사정문을 잡은 까닭이라고 한 것은 마음을 한곳에 제지한다는 말이 저 사정문과 이정문에 통하지만 저 『유교경』은 선후에 다분히 사정문을 잡은 까닭이다.
[94] 팔대인각八大人覺은 소욕少欲과 지족知足과 원리遠離(혹 적정寂靜)와 정진精進과 정념正念과 정정正定과 정혜正慧와 무희론각無戲論覺으로써 삼승三乘 등이 일으키는 여덟 가지 생각이다.

처음[95]에 말하기를 그대 등 비구가 이미 능히 계戒에 머물렀다면 마땅히 오근을 제지하여 하여금 방일할 수 없게 하라 하고, 내지 말하기를 이 오근이라고 하는 것은 마음이 주인이 되는 것이다. 이런 까닭으로 그대 등은 마땅히 마음을 잘 제지하여 마음 가히 두려워하기를 독사와 악한 짐승과 원수와 도적보다 심하게 할 것이니 큰 불이 치성한[96] 것으로도 족히 비유할 수 없는 것이다.

비유하자면 어떤 사람이 손으로 꿀 그릇을 잡고 걸어가되 경솔하고 조급하여[97] 다만 꿀만 보고 깊은 구덩이는 보지 못하는 것과 같으며, 비유하자면[98] 미친 코끼리가 고삐[99]가 없는 것과 같으며, 원숭이가 나무를 얻어 오르고 뛰고 넘고[100] 던지는 것을 가히 금지하고 제지하기 어려운 것과 같나니

마땅히 급히 그 오근을 꺾어 하여금 방일할 수 없게 하라.

이 마음을 놓아버리는 사람은 사람의 좋은 일을 잃어버리고, 이 마음을 한곳에 제지하는 사람은 일마다 갖추지 못할 것이 없을 것이다.

이런 까닭으로 비구들은 마땅히 부지런히 정진하여 그대들의 마음을 절복하라 하였다.

---

95 처음이란, 정진精進을 밝히는 초문初文이다.
96 원문에 越逸이란, 불길이 넘어서 쏜살같이 달아나는 것. 일逸 자는 『잡화기』에 오히려 분奔의 뜻이며 초超의 뜻이라 하였다. 逸은 '달아날 일' 자이다.
97 躁는 '조급할 조' 자이다.
98 원문에는 譬 자가 叉 자이다.
99 鉤는 '고삐 구, 멍에 구' 자이다.
100 踔는 '넘을 초' 자이다.

능히 심성을 관찰한다고 한 등은 위에 구절은 곧 『열반경』의 뜻이다. 저 『열반경』 제이십칠권 사자후품이니 저 경에 세 가지 정定을 세운 까닭이다.

저 경에 말하기를 선남자야, 일체중생이 세 가지 정을 갖추었나니 말하자면 상·중·하 품정이다.

상품정이라고 하는 것은 말하자면 불성이니, 이런 까닭으로 말하기를 일체중생이 다 불성이 있다 한 것이요

중품정이라고 하는 것은 일체중생이 초선정 등을 구족한 것이요

하품정이라고 하는 것은 십대지법十大地法[101] 가운데 심수정心數定[102] 이다 하였으니

지금에는 다만 뜻으로만 인용하였을 뿐이다.

진리에 계합하여 움직이지 않는다고 한 것은 뜻으로 말한 것이다. 그 심성을 관찰한다고 한 것은 곧 이것은 관문이지만 정문[103]이라고 말한 것은 심성은 진리(理)이고 관찰하는 것은 곧 진리에 계합하는 것이니,

진리로 더불어 상응하여 담연히 움직이지 않기에 그런 까닭으로

---

[101] 십대지법十大地法이란, 수受·상想·사思·촉觸·욕欲·혜慧·염念·작의作意·승해勝解·삼마三摩이니 심식이 일어날 때 따라 일어나는 심소心所의 총칭이다.
[102] 십대지법 가운데 심수정이라고 한 것은 곧 소승종의 심소법 가운데 십변대법十徧大法이 있나니, 이 심수정은 제 열 번째 삼마지에 해당한다. 삼마지는 곧 정定인 까닭이니 소승 법수를 볼 것이다. 역시 『잡화기』의 말이다.
[103] 정문이란, 앞의 소문疏文에는 이정문理定門이라 하였다.

이름을 정문이라 하는 것이다.

법상을 분명하게 요달하는 것은 사관이라고 한 것은 『기신론』등에서 말한 것과 같다.
무생을 잘 안다고 한 것은 곧 칠지경에 말하기를 법이 난 적이 없는 줄 요달하는 것을 이름하여 반야라 한 것이 이것이다.

如起信論에 止一切相等者는 論云호대 云何修行止觀門고 所言止者는 謂止一切境界相하야 隨順奢摩他觀義也요 所言觀者는 謂分別因緣生滅相하야 隨順毘鉢舍那觀義故라 云何隨順고 以此二義로 漸漸修習하야 不相捨離하야 雙現前故라하며 次論云호대 若行若住若臥若起에 皆應止觀俱行하리니 所謂雖念諸法의 自性不生이나 而復卽念因緣和合한 善惡之業과 苦樂等報가 不失不壞하며 雖念因緣善惡業報나 而亦卽念性不可得이라하니라 釋曰此中에 先은 止不礙觀이요 後는 觀不礙止라 皆止約入理요 觀約觀事니 第一經中에 已廣引文하며 兼辯大意하니 以疏對論인댄 文相可知니라 或以理觀等者는 卽七地偈文이라 然今經云호대 於道不動卽修禪이요 忍受無生名般若라하니 蓋其義引일새 小有不同하니라 禪定持心者는 卽第三十三經이니 彼具明十度云호대 如其迴向行布施하며 亦復堅持於禁戒하며 精進常時無退怯하며 忍辱柔和心不動이라하니라 禪定下는 同이니 今此엔 但取定慧文耳니라

『기신론』에 일체상을 그친다고 한 등과 같다고 한 것은 『기신론』에

말하기를 어떻게 지관문을 수행하는가.
말한 바 지止라고 하는 것은 말하자면 일체 경계의 모습을 그쳐 사마타관을 수순한다는 뜻이요,[104]
말한 바 관觀이라고 한 것은 말하자면 인연으로 생멸하는 모습을 분별하여 비발사나관을 수순한다는 뜻인 까닭이다.
어떻게 수순하는가.
이 두 가지 뜻으로써 점점 닦아 익혀 서로 버리고 떠나지 아니하여 함께 현전하는 까닭이다 하였으며,
다음 논에 말하기를 혹 가거나 머물거나 혹 눕거나 일어남에 다 응당 지止와 관觀을 함께 수행해야 하리니,
말하자면 비록 모든 법의 자성이 난 적이 없음을 생각하지만 그러나 다시 곧 인연으로 화합한 선악의 업과 고락 등의 과보가 없어지지도 아니하고 무너지지도 아니함을 생각하며,
비록 인연으로 화합한 선악의 업보를 생각하지만 그러나 또한 곧 자성을 가히 얻을 수 없음을 생각한다 하였다.
해석하여 말하면 이 가운데 먼저는 지止가 관觀에 걸리지 않는 것이요 뒤에는 관이 지에 걸리지 않는 것이다.
다 지止는 진리에 들어감을 잡은 것이요
관觀은 사실을 관찰함을 잡은 것이니,
제일경 가운데 이미 폭넓게 경문을 인용하였으며 대의를 겸하여 분별하였으니,

---

104 원문에 의야義也라 한 야也는 북장경에는 고故 자이다.

소문으로써 『기신론』을 대조하면 경문의 모습을 가히 알 수가 있을 것이다.

혹은 이관으로써 사정을 상대하기도 하였다고 한 등은 곧 제칠지경의 게송문이다.
그러나 지금의 경문에 말하기를 도에 움직이지 않는 것은 곧 선정을 닦는 것이요, 생을 받음에 난 적이 없는 줄 아는 것은 이름이 반야다 하였으니
대개 뜻으로 인용하였기에 조금 같지 아니함이 있는 것이다.

선정으로 마음을 가진다고 한 것은 곧 제삼십삼경이니,
저 경에 십바라밀을 갖추어 밝혀 말하기를
그와 같이 회향하여 보시를 행하며
또한 다시 금계를 굳게 가지며
정진을 상시로 하여 물러나거나 겁이 없으며
인욕하고 유화하여 마음이 움직이지 않는다 하였다.
선정으로 마음을 가진다고 한 아래는 지금 소문과 같나니,
지금 여기에서는 다만 선정과 지혜의 문장만을 취하였을 뿐이다.

疏

言五對者는 第一對는 根境無礙니 謂觀根入定인댄 應從根出거늘 而從境出者는 爲顯根境이 唯是一心이며 緣起無二며 理性融通

이니 是故로 根入境出耳니라 境入根出도 亦然하니라

오대五對라고 말한 것은 제일대는 육근六根과 육경六境이 걸림이 없는 것이니,
말하자면 육근을 관찰하여 정정에 들어갔다면 응당 육근으로 좇아 나와야 하거늘 육경으로 좇아 나온다고 한 것은 육근과 육경이 오직 한 마음이며 연기가 둘이 없으며 이성理性이 융통함을 나타내기 위한 것이니,
이런 까닭으로 육근 가운데서 들어가 육경으로 좇아 나왔을 뿐이다. 육경 가운데서 들어가 육근으로 좇아 나오는 것도 또한 그렇다.

鈔

言五對者는 卽爲五別이니 然其五對가 皆約經文이나 取文不同하니라 第一對는 取根境이니 如初偈에 將上於眼根中하야 對下於色塵中하야 作義니라 於中有三하니 初는 明根入境出이요 爲顯下는 二에 出所以라 所以無礙者는 略有三義하니 一은 唯心現故요 二는 緣起相由故요 三은 法性融通故니 廣如玄中하니라 以是最初일새 故로 具出所以어니와 下多總略하니라 三에 境入根出下는 卽例釋後偈라

오대라고 말한다 한 것은 곧 오별五別이 되나니,
그러나 그 오대가 다 경문을 잡아 설하였지만 경문을 취한 것이 같지 않다.
제일대는 육근과 육경을 취한 것이니

처음 게송에 위에 안근 가운데를 가져서 아래 색진 가운데를 상대하여 뜻을 지은 것과 같다.

그 가운데 세 가지 뜻이 있나니

처음에는 육근 가운데서 들어가 육경으로 좇아 나옴을 밝힌 것이요 나타내기 위한 것이라고 한 아래는 두 번째 그 까닭을 설출한 것이다. 그런 까닭으로 걸림이 없다고 한 것은 간략하게 세 가지 뜻이 있나니
첫 번째는 오직 마음임을 나타내는 까닭이요
두 번째는 연기가 서로 인유하는 까닭이요
세 번째는 법성이 융통한 까닭이니
폭넓게 설한 것은 『현담』 가운데와 같다.
이것이 최초이기에[105] 그런 까닭으로 그 까닭을 갖추어 설출하였거니와 아래[106]는 다분히 모두 생략하였다.
세 번째 육경 가운데서 들어가 육근으로 좇아 나온다고 한 아래는 곧 뒤에 게송을 비례하여 해석한 것이다.

疏

第二對는 理事二定無礙니 謂分別事相인댄 應入事定거늘 而入理定하고 欲觀性空인댄 應入理定거늘 而入事定은 以契卽事之理하야 而不動故로 入理卽是入事요 制心卽理之事하야 而一緣故로 入事卽是入理니라 而經文엔 但云入正定이라하고 不言理事나 及

---

105 원문에 以是最初라고 한 것은 제일대第一對에 근경무애根境無礙이다.
106 아래란 二, 三, 四, 五對이다.

乎出觀하야 境中에 卽云分別色相은 斯事觀也요 根中에 卽云性空寂者는 理觀也라 亦合將根事하야 對於境理하야 以辨無礙리라

제이대는 이리·사사의 이정二定이 걸림이 없는[107] 것이니, 말하자면 사실의 모습을 분별하고자 한다면 응당 사정事定에 들어가야 하거늘 이정理定에 들어가고, 자성이 공적함을 관찰하고자 한다면 응당 이정에 들어가야 하거늘 사정에 들어간 것은 사실에 즉한 진리에 계합하여 움직이지 않는 까닭으로 이정에 들어가는 것이 곧 사정에 들어가는 것이요

마음을 진리에 즉한 사실에 제지하여 한 인연인 까닭으로 사정에 들어가는 것이 곧 이정에 들어가는 것이다.

그러나 경문에는 다만 정정에 들어간다고만 말하고 이리·사사를 말한 적은 없지만 정에서 나와 관찰함에 미쳐[108] 육경 가운데 곧 색상을 분별한다고 말한 것은 이 사관이요

육근 가운데 곧 자성이 공하여 적멸하다고 말한 것은 곧 이관이다. 또한 합당히 육근의 사실(事)을 가져서 육경[109]의 진리(理)를 상대하여

---

107 이리·사사의 이정二定이 걸림이 없다고 한 것은 각각 처음 게송에 위의 구절은 비록 이것은 근根의 이정理定에 들어가는 것이지만 이미 이것은 사정事定에 즉한 이정理定이요, 각각 뒤에 게송에 위의 구절은 비록 이것은 경境의 사정事定에 들어가는 것이지만 이미 이것은 이정에 즉한 사정인 까닭으로 각각 당구當句에 있어서 이미 걸림이 없음을 이루는 것이다. 역시 『잡화기』의 말이다.

108 원문에 及乎出觀이란, 제일구第一句는 입정入定, 제이구第二句는 출정出定, 제삼구第三句는 관찰觀察(分別色相), 제사구第四句는 자성적멸自性寂滅이다.

걸림이 없음을 분별하여야 할 것이다.

鈔

第二對者는 卽於入正定中에 作義라 分別事相等者는 緣從色塵中出하야 明知眼根中入은 是其理定이요 欲觀性空者는 緣於眼起等이 是理起하야 明知色塵中入은 是事入이라 以契卽事之理下는 二에 明所以니 唯約事理無礙하야 明所以니라 於中又二니 先은 成上分別事相인댄 應入事定거늘 而入理定이요 制心卽理之事下는 二에 成上欲觀性空인댄 應入理定거늘 而入事定이라 而經文下는 三에 出二定의 得名所以하야 顯上入正定의 所對之文이니 由對觀故니라 亦合將根事者는 四에 結例니 謂合有偈云호대 於眼根中入正定하야 於色起定心不亂하야 了色無生無有起하며 性空寂滅無所作하나니라 於色塵中入正定하야 於眼根中三昧起호대 分別眼性不思議하나니 諸天世人莫能知하나니라

제이대는 이사의 이정이 걸림이 없다고 한 것은 곧 정정에 들어간 가운데서 뜻을 지은 것이다.
사실의 모습을 분별하고자 한 등은 색진 가운데로 좇아[110] 나옴[111]을

---

109 육근, 육경이라 번역한 것은 안근 등 앞에 게송의 전체를 비류하여 번역한 것이다. 그러나 첫 게송에 안근眼根만 기준한다면 안근의 사실, 색경의 진리라 번역할 것이다. 이 아래 육근, 육경이라는 번역도 마찬가지이다.
110 색진 가운데로 좇아 운운한 것은 그 뜻에 말하기를 안근 가운데로 들어가는 것은 이 이정理定이라고 한 것은 색진 가운데 정으로 좇아 나옴을 상대함을

인연하여 안근 가운데로 들어감을 분명하게 아는 것은 이 이정理定이요
자성이 공적함을 관찰하고자 한다고 한 것은 안근 가운데서 일어난 등¹¹²이 이 이관理觀에서 일어남을 인연하여 색진 가운데로 들어감을 분명하게 아는 것은 이 사입事入이다.

사실에 즉한 진리에 계합한다고 한 아래는 두 번째 그 까닭을 밝힌 것이니
오직 사·리가 걸림이 없는 것만을 잡아 그 까닭을 밝힌 것이다. 그 가운데 또 두 가지 뜻이 있나니
먼저는 위에 사실의 모습을 분별하고자 한다면 응당 사정에 들어가야 하거늘 이정에 들어간다고 한 것을 성립한 것이요
마음을 진리에 즉한 사실에 제지한다고 한 아래는 두 번째 위에

인유하여 사상事相을 분별하는 것은 이 사관事觀인 까닭이니, 이미 상대하는 바가 이 사관을 인유하여 과연 능히 상대하는 것이 이 이정인 줄 하는 것이니, 반드시 이 이정을 더하여 상대를 지어야 바야흐로 이·사의 이정이 걸림이 없음을 이루는 까닭이다. 뒤에 게송에 색경(색진) 가운데 정에 들어가는 것이 사관이 되는 것도 또한 여기 해석한 것과 같나니, 이 가운데 초문의 말이 오히려 숨고 생략된 듯하다 하겠다. 대개 이 가운데 대의는 반드시 이·사의 이정이 걸림이 없는 것으로써 종을 삼는 까닭으로 반드시 다 이정으로써 사정을 상대하는 것이다. 역시 『잡화기』의 말이다.

111 中出 아래에 是, 事, 起라는 세 글자(三字)가 있기도 하나니 이 세 글자(三字)가 있다면 가운데로 좇아 나와 이 事에서 일어남을 인연하여라고 번역할 것이다.
112 등等이란, 이근耳根, 비근鼻根 등을 등취한다 하겠다.

자성이 공적함을 관찰하고자 한다면 응당 이정에 들어가야 하거늘 사정에 들어간다고 한 것을 성립한 것이다.

그러나 경문이라고 한 아래는 세 번째 이정二定이 이름을 얻은 까닭을 설출하여 위에 정정에 들어가 상대하는 바 경문을 나타낸 것이니 상대하여 관찰함을 인유한 까닭이다.[113]

또한 합당이 육근의 사실을 가져서라고 한 것은 네 번째 맺어서 비례한 것이니,
말하자면 합당히 게송을 두어 말하기를[114]
안근 가운데서 정정에 들어가
색진 가운데서 정정으로 좇아 일어나오되 마음이 산란하지 않아
색진이 난 적도 없고 일어난 적도 없으며
자성이 공하고 적멸하여 지을 바가 없음을 아는 것이다.

색진 가운데서 정정에 들어가
안근 가운데서 정정(三昧)에서 일어나오되

---

113 상대하여 관찰함을 인유한 까닭이라고 한 것은 상대하는 바 경문이 이 관觀이다. 사실을 상대하여 관찰함을 인유하여 이정理定을 알고 진리를 상대하여 관찰함을 인유하여 사정事定을 아는 것이다. 그리고 경문에 육근과 육경을 상대하여 정정正定을 설하였다.
114 원문에 위합유게謂合有偈라고 한 것은 처음에 두 게송을 합하여 해석한 것이니, 나머지 게송도 또한 이와 같이 알아야 할 것이다.

안근의 자성이 불가사의함을 분별하나니
모든 하늘과 세상 사람들이 능히 알 수 없는 것이다라고 해야 할 것이다.

疏

第三對는 事理二觀無礙니 謂欲分別事相인댄 應從事觀起어늘 而反從理觀起者는 以所觀之境이 旣眞俗雙融일새 法界不二故며 分別事智가 卽是無生之智일새 二觀이 唯是一心故라 亦應將境事理하야 對根事理하야 以辨無礙하리라

제삼대는 사·리의 이관二觀이 걸림이 없는 것이니,
말하자면 사실의 모습을 분별하고자 한다면 응당 사관事觀을 좇아 일어나온다 해야 하거늘 반대로 이관理觀을 좇아 일어나온다고 한 것은 관찰할 바 경계가 이미 진·속이 함께 융합하였기에 법계가 둘이 없는 까닭이며
사실을 분별하는 지혜가[115] 곧 이 무생無生의 지혜이기에 이관이 오직 이 한 마음인 까닭이다.
또한 응당 육경의 사실과 진리를 가져서 육근의 진리와 사실을 상대하여 걸림이 없음을 분별하여야 할 것이다.

---

115 사실을 분별하는 지혜라고 한 등은 만약 뒤의 게송에 소이所以를 짓는다면 응당 말하기를 무생의 지혜가 곧 이 사실을 분별하는 지혜라 할 것이다. 역시 『잡화기』의 말이다.

鈔

第三對는 理事無礙者는 卽約經文에 從定起하야 對於後半하야 以作義라 疏文有三하니 初正明中에 疏文은 但作初偈하고 不作後偈하니라 若具應云호대 欲了眞理인댄 應從理觀起어늘 而反從事觀起리니 謂前偈에 示現色性이 是事인댄 則色塵中三昧起는 義當理觀也요 後偈에 說眼無生無有起이 是理性인댄 則前眼根起定心不亂은 義當事觀也니라

제삼대는 사·리의 이관이 걸림이 없다고 한 것은 곧 경문에 정정으로 좇아 일어나온다고 함을 잡아서 뒤에 반 게송[116]을 상대하여 뜻을 지은 것이다.
소문에 세 가지 뜻이 있나니
처음에 바로 밝힌 가운데 소문은 다만 처음에 게송만 지었고 뒤에 게송은 짓지 아니하였다.
만약 갖추어 말한다면 응당 말하기를 진리를 알고자 한다면 응당 진리를 관찰함(理觀)으로 좇아 일어나온다 해야 하거늘 반대로 사실을 관찰함(事觀)으로 좇아 일어나온다고 한 것이라 해야 하리니, 말하자면 앞에 게송에[117] 색의 자성을 시현한다[118]고 한 것이 이 사성

---

[116] 원문에 종정기從定起는 제이구第二句이고, 후반後半은 제삼구第三句와 제사구第四句이다.

[117] 앞에 게송에 운운은 위에 제이대第二對 가운데는 이미 정정正定으로써 관觀을 상대한 까닭으로 처음 게송에는 위에 구절로 이정理定을 삼고 아래 세 구절로

事性이라면 곧 색진 가운데서 정정(三昧)으로 좇아 일어나온다고 한 것은 뜻이 이관理觀에 해당하는 것이요

뒤에 게송에 안근이 난 적도 없고 일어난 적도 없다고 설한다고 한 것이 이 이성理性이라면 곧 앞[119]에 안근 가운데서 정정으로 좇아 일어나오되 마음이 산란하지 않다고 한 것은 뜻이 사관事觀에 해당하는 것이다.

亦應將境事理者는 三에 反例니 此意稍隱이라 先應問言호대 上辨二定에 但云亦合將根事하야 對於境理라하얏거늘 今何雙言將境事理하야 對根理事고할새 故應答言호대 以上二定은 不能自別일새 要因

모두 사관事觀을 삼았으며, 뒤에 게송에는 위에 구절로 사정事定을 삼고 아래 세 구절로 모두 이관理觀을 삼았거니와, 지금 이 제삼대第三對 가운데는 다만 아래 세 구절 가운데 정정正定으로 좇아 일어나는 것(제 두 번째 구절)으로써 뒤에 반 게송(제 세 번째와 제 네 번째 구절)을 상대하여 관觀을 밝힌 것이니 곧 처음 게송 가운데는 이미 뒤에 반 게송이 이 사관인 까닭으로 과연 육진 가운데서 정정으로 좇아 나오는 것이 이것이 진리를 관찰함으로 일어나오는 것이요, 뒤의 게송 가운데는 이미 뒤의 반 게송이 이 이관인 까닭으로 과연 육진 가운데서 정정으로 좇아 일어나오되 마음이 산란하지 않는 것이 이것이 사실을 관찰함으로 일어나오는 것이니 또한 이사무애·사사무애를 요망하는 까닭이다. 그러한 즉 처음 게송의 육경(육진) 가운데 이미 이관과 사관이 있고 뒤의 게송에 육근 가운데도 또한 사관과 이관이 있는 것이다. 이상은 다 『잡화기』의 말이다.

118 원문에 示現色性이란, 즉 시현색성부사의示現色性不思議라 한 것이다.
119 여기서 앞이란, 제이게第二偈에 제이구第二句니 제삼구第三句인 색무생무유기색無生無有起의 앞(前)이란 말이다.

起觀하야사 方知事理하나니 如眼入定하야 未知何定하니라 以見塵上에 了色差別은 是其事觀이나 欲令無礙일새 故說根中入定은 是其理定이라하며 境入根起하야 旣了根性空일새 故說境中에 入於事定이라하니 則經文中에 已辨根理로 對於境事일새 故但合例하야 以將根事하야 對於境理하리라 今此二觀으로 不應定別일새 根上境上에 各有二觀하니 謂根入定은 卽於境上에 從理觀起하야 而分別事요 於色入定은 卽於根上에 從事觀起하야 分別於理니 經文에 已有此二하고 未於境上에 從事觀起하야 分別於理와 及與根上에 從理觀起하야 分別於事니라 若作偈者인댄 應云호대 於眼根中入正定하야 於色塵中事觀起하야 說色無生無有起하며 性空寂滅無所作하니라 及於色塵中入正定하야 於眼根中理觀起하야 分別一切上妙眼하나니 諸天世人莫能知라하리라 斯則境上事起觀理로 以對根上理起觀事일새 故云호대 亦應以境事理로 對根理事하야 以辨無礙也라하니라

또한 응당 육경의 사실과 진리를 가져서라고 한 것은 세 번째 반대로 비례한 것이니[120] 이 뜻은 약간 숨은 듯하다.
먼저 응답 물어 말하기를 위에서는 이정二定을 분별함에 다만 또한 합당히 육근의 사실을 가져서 육경의 진리만 상대한다고 말하였거늘

---

120 반대로 비례한 것이라고 한 것은 이 위(영인본 화엄 5책, p.373, 5행)에는 곧 육근의 사실을 가져 육경의 진리를 상대하여 걸림이 없음을 분별하였거니와 지금에 예례는 곧 육경의 사실과 진리를 가져 육근의 진리와 사실을 상대하여 걸림이 없음을 분별한 까닭으로 반대로 비례한 것이다. 이상은 『유망기』의 말이다.

지금에는 어찌 함께 육경의 사실과 진리를 가져서 육근의 진리와 사실을 상대한다고 말하는가 하기에, 그런 까닭으로 응당 답하여 말하기를 위에 이정二定[121]은 능히 스스로 분별할 수 없기에 반드시 관찰함으로 일어나옴[122]을 인하여야 바야흐로 사실(事)과 진리(理)를 분별하여 아나니,

마치 안근 가운데서 정정에 들어가 아직 무슨 정定인지 알지 못하는 것과 같다.

견진見塵의 분상에서 색의 자성이 차별함[123]을 아는 것은 이것은 사관事觀이지만 하여금 걸림이 없게 하고자 하기에 그런 까닭으로 말하기를 육근 가운데서 정정에 들어간다고 한 것은 이것은 이정理定이라 하였으며,

육경[124] 가운데서 정정에 들어가 육근 가운데서 일어나 이미 육근의 자성이 공적함을 알았기에 그런 까닭으로 말하기를 육경 가운데서 사정事定에 들어간다 하였으니,

곧 경문 가운데 이미 육근의 진리로 육경의 사실을 상대한 것을 분별하였기에 그런 까닭으로 다만 합당히 비례하여 육근의 사실[125]을

---

121 이정二定이란, 이정理定과 사정事定이다.
122 원문에 起觀이란, 이관理觀을 좇아 일어나고 사관事觀을 좇아 일어나는 것이다.
123 견진見塵이란 初偈 가운데 第二句이고, 색차별色差別이란 初偈 가운데 第三句이다. 그러나 모든 게송에 다 통한다.
124 境入의 境 자를 육경六境이라 번역한 것은 그 실은 색경色境을 말한 것이지만, 그 뜻이 육경六境을 다 포함하고 있기에 육경六境이라 번역한 것이다.
125 사정事定의 定 자는 연자衍字이다.

가져서 육경의 진리를 상대한다 해야 할 것이다.
지금에 이 이관二觀으로는 응당 결정코 분별할 수 없기에[126] 육근의 분상과 육경의 분상에 각각 이관二觀이 있나니,
말하자면 안근 가운데서 정정에 들어간 것은 곧 색경의 분상에서 진리를 관찰함으로 좇아 일어나와 사실을 분별하는 것이요
색진 가운데서 정정에 들어간 것은 곧 안근의 분상에서 사실을 관찰함으로 좇아 일어나와 진리를 분별하는 것이니,
경문에는 이미 이 이관二觀만 있고 색경의 분상에서 사실을 관찰함으로 좇아 일어나와 진리를 분별하는 것과 그리고 안근의 분상에서 진리를 관찰함으로 좇아 일어나와 사실을 분별하는 것은 없다.
만약 게송을 지어 말한다면 응당 말하기를
안근 가운데서 정정에 들어가
색진 가운데서 사실을 관찰함으로 좇아 일어나와
색진이 난 적도 없고 일어난 적도 없으며
자성이 공하고 적멸하여 지을 바가 없음을 설한다.

그리고 색진 가운데서 정정에 들어가
안근 가운데서 진리를 관찰함으로 좇아 일어나와
일체 최상의 묘한 눈을 분별하나니
모든 하늘과 세상 사람들이 능히 알 수 없다고 해야 할 것이다.

---

[126] 응당 결정코 분별할 수 없다고 한 것은 육경 가운데 또한 이관二觀이 있고 육근 가운데도 또한 이관이 있는 까닭이다.

이것은 곧 색경의 분상에서 사실을 좇아 일어나와 진리를 관찰함으로 안근의 분상에서 진리를 좇아 일어나와 사실을 관찰함을 상대하였기에 그런 까닭으로 말하기를 또한 응당 육경의 사실과 진리로써[127] 육근의 진리와 사실을 상대하여 걸림이 없음을 분별하여야 할 것이다 하였다.

疏

第四對는 出入無礙니 以起定卽是入定일새 故起定而心不亂이라 하니라 若以事理相望인댄 應成四句리니 謂事入事起와 事入理起等이라 若以根境相望인댄 又成四句리니 謂根事入하야 境事起等이니 一一思之하면 皆有所由니라

제사대는 정정에서 나오고 들어가는 것이 걸림이 없는 것이니 정정에서 일어나오는 것이 곧 정정에 들어가는 것이기에 그런 까닭으로 정정에서 일어나오되 마음이 산란하지 않다 하였다.
만약 사실과 진리로써 서로 바라본다면 응당 네 구절을 이루리니 말하자면 사실을 좇아 들어가 사실을 좇아 일어나오는 것과 사실을 좇아 들어가 진리를 좇아 일어나오는 등[128]이다.
만약 육근과 육경으로써 서로 바라본다면 또 네 구절을 이루리니 말하자면 육근 가운데 사실을 좇아 들어가 육경 가운데 사실을

---

127 원문에 應以의 以 자는 소문疏文에는 將 자이다.
128 등等이란, 이입사기理入事起와 이입이기理入理起를 등취等取함이다.

좇아 일어나오는 등이니,
낱낱이 생각한다면 다 인유하는 바가 있을 것이다.

鈔

第四對는 出入無礙者는 卽於經에 入正定으로 對從定起言과 及起定不亂하야 作義니라 若以事理相望下는 句數料揀이라 事理四句는 但出其二하야 等取餘二니 謂三은 理入事起요 四는 理入理起라 上且單說일새 有其四句어니와 若單複相望인댄 應成九句리라 於前四上에 更加五句니 謂事入事理起와 理入事理起와 事理入事起와 事理入理起와 事理入事理起니 故爲九句니라 又成四句者는 卽根境出入成四니 但擧其一이라 若具應云호대 二는 境事入根事起요 三은 根理入境理起요 四는 境理入根理起리라 若更交絡인댄 乃成十句니 謂根事入境理起와 境事入根理起와 根理入境事起와 境理入根事起와 根事理入하야 境事理起와 境事理入하야 根事理起니라 以其事理相望인댄 屬前事理四句일새 故但云四耳니라

제사대는 정정에서 나오고 들어가는 것이 걸림이 없다고 한 것은 곧 저 경에 정정에 들어갔다[129]는 것으로, 정정으로 좇아 일어나왔다[130]는 말과 그리고 정정에서 일어나오되 마음이 산란하지 않다고 한 말을 상대하여 뜻을 지은 것이다.

---

129 원문에 입정정入正定은 제일구第一句이다.
130 원문에 종정기從定起는 제이구第二句이다.

만약 사실과 진리로써 서로 바라본다면이라고 한 아래는 구절의 수를 헤아려 가린 것이다.

사실과 진리의 네 구절은 다만 두 구절만 설출하여 나머지 두 구절을 등취한 것이니,

말하자면 세 번째는 진리를 좇아 들어가 사실을 좇아 일어나오는 것이요

네 번째는 진리를 좇아 들어가 진리를 좇아 일어나오는 것이다. 위에서는 우선 단수로 설하였기에 네 구절이 있었거니와 만약 단수 (單)와 복수(複)로 서로 바라본다면 응당 아홉 구절을 이룰 것이다. 앞의 네 구절 위에 다시 다섯 구절을 더 하는 것이니,

말하자면 사실을 좇아 들어가 사실과 진리를 좇아 일어나오는 것과

진리를 좇아 들어가 사실과 진리를 좇아 일어나오는 것과

사실과 진리를 좇아 들어가 사실을 좇아 일어나오는 것과

사실과 진리를 좇아 들어가 진리를 좇아 일어나오는 것과

사실과 진리를 좇아 들어가 사실과 진리를 좇아 일어나오는 것이니 그런 까닭으로 아홉 구절이 되는 것이다.

또 네 구절을 이룬다고 한 것은 육근과 육경 가운데서 나오고 들어가는 것이 네 구절을 이루는 것이니,

다만 소문에서는 그 한 구절만 들었을 뿐이다.[131]

---

131 원문에 단거기일但擧其一이라고 한 것은 근사입경사기根事入境事起라는 一句만 들었다는 것이다.

만약 갖추어서 말한다면 응당 말하기를 두 번째는 육경 가운데서 사실을 좇아 들어가 육근 가운데서 사실을 좇아 일어나오는 것이요 세 번째는 육근 가운데서 진리를 좇아 들어가 육경 가운데서 진리를 좇아 일어나오는 것이요

네 번째는 육경 가운데서 진리를 좇아 들어가 육근 가운데서 진리를 좇아 일어나오는 것이라고 해야 할 것이다.

만약 다시 서로 잇는다면 이에 열 구절을 이룰 것이니,[132]

말하자면 육근 가운데서 사실을 좇아 들어가 육경 가운데서 진리를 좇아 일어나오는 것과

육경 가운데서 사실을 좇아 들어가 육근 가운데서 진리를 좇아 일어나오는 것과

육근 가운데서 진리를 좇아 들어가 육경 가운데서 사실을 좇아 일어나오는 것과

육경 가운데서 진리를 좇아 들어가 육근 가운데서 사실을 좇아 일어나오는 것과

육근 가운데서 사실과 진리를 좇아 들어가 육경 가운데서 사실과 진리를 좇아 일어나오는 것과

육경 가운데서 사실과 진리를 좇아 들어가 육근 가운데서 사실과 진리를 좇아 일어나오는 것이다.

그 사실과 진리로써[133] 서로 바라본다면 앞의 사실과 진리의 네

---

[132] 서로 잇는다면 이에 열 구절을 이룬다고 한 것은 이미 네 구절이 있었고 바로 아래, 말하자면 육근 가운데 운운 이하에 여섯 구절이 있으니 열 구절이다. 차례로 5, 6, 7, 8, 9, 10구이다.

구절에 속하기에 그런 까닭으로 다만 네 구절이라고 말하였을 뿐이다.

疏

第五對는 二利體用無礙니 謂於眼根起定호대 心不亂은 是體也며 自利也요 而不礙現於廣境은 是用也요 人天不能知는 利他也니 良以體用無二일새 故로 自利卽是利他니라

제오대는 이리二利와 체용體用이 걸림이 없는¹³⁴ 것이니,

---

133 그 사실과 진리로써라고 운운한 것은 육근과 육경 가운데 비록 열 구절이 있다고 말하였으나 뒤에 여섯 구절은 곧 앞의 사리사구事理四句 가운데 속하는 것이니 진리로써 사실을 바라보고 사실로써 진리를 바라보는 까닭이다. 그러한 즉 육근과 육경 가운데 처음에 사구四句는 다만 진리와 진리가 서로 바라보는 까닭으로 앞의 진리와 사실이 서로 바라보는 사구四句에 섭속하는 바는 아니다. 역시 『잡화기』의 말이다.

134 체용體用이 걸림이 없다고 한 것은 뒤의 게송 가운데 아래 삼구三句의 자체에 또한 처음 게송 가운데 아래 이구二句의 작용이 있는 까닭으로 자체가 작용에 걸리지 않고, 처음 게송에 아래 이구二句의 작용에도 또한 뒤의 게송에 아래 삼구三句의 자체가 있는 까닭으로 작용이 자체에 걸리지 않는 것이다. 자체가 작용에 걸리지 않기에 그런 까닭으로 이리二利도 또한 그러한 것이다. 그러나 처음 게송에 제이구第二句를 거론하지 아니한 것은 이 제이구第二句에는 다만 정정에서 나왔다고만 말하고 아래 반 게송에 이르러 바야흐로 이에 시현示現한다고 한 등(영인본 화엄 5책, p.364, 6행)이 바로 이 작용인 까닭이다. 또한 사람과 하늘이 능히 알지 못하는 것으로써(영인본 화엄 5책, p.364, 9행) 이타를 삼은 것은(다음 줄에 있다) 저 사람과 하늘이 비록 알지

말하자면 안근 가운데서 정정으로 좇아 일어나오되 마음이 산란하지 않다고 한 것은 이것은 자체이며 자리自利인 것이요
넓은 경계를 나타냄에 걸리지 않는다고 한 것은 이것은 작용이요[135]
사람과 하늘이 능히 알 수 없다고 한 것은 이타利他이니,
진실로 자체와 작용이 둘이 없기에 그런 까닭으로 자리가 곧 이타인 것이다.

鈔

第五對는 二利體用無礙者는 此有兩重無礙하니 一은 體用無礙요 二는 二利無礙니 下雙牒釋하리라 言心不亂是體者는 全用根起三句하야 以對境起中後二句하야 作義인댄 則根起三句가 亦爲自利니 謂於眼起定心不亂하야 說眼無生無有起하며 性空寂滅無所作이라하니라 而言不礙現於廣境者는 卽取前示現色性不思議하나니 諸天世人莫能知하야 爲廣境이요 亦全用此二句하야 爲利他니라 良以下는 以體用無礙로 釋二利無礙라 然上疏엔 但約眼色根境하야 以爲體例하니 後五根境은 可知라

제오대는 이리와 체용이 걸림이 없는 것이라고 한 것은 여기에 양중兩重의 걸림이 없는 것이 있나니,

못하지만 나는(부처님) 진실로 그들을 교화하는 까닭이라는 것이다. 역시 『잡화기』의 말이다.

135 원문에 이불애현어광경而不礙現於廣境이라고 한 것은 제삼구第三句이다.

첫 번째는 자체와 작용이 걸림이 없는 것이요
두 번째는 자리와 이타가 걸림이 없는 것이니,
아래에 함께 첩석하겠다.
마음이 산란하지 않다고 한 것은 이것은 자체라고 말한 것은 육근 가운데서 정정으로 좇아 일어나오는 가운데 삼구三句를 온전히 인용하여 육경 가운데서 정정으로 좇아 일어나오는 가운데 뒤에 이구二句를 상대하여 뜻을 짓는다면 곧 육근 가운데서 정정으로 좇아 나오는 가운데 삼구가[136] 또한 자리가 되나니,
말하자면 안근 가운데서 정정으로 좇아 나오되 마음이 산란하지 않아
안근이 난 적도 없고 일어난 적도 없으며
자성이 공하고 적멸하여 지을 바가 없음을 설한다 한 것이다.
넓은 경계를 나타냄에 걸리지 않는다고 말한 것은 곧 앞[137]에 색의 자성이 불가사의함을 시현하나니,
모든 하늘과 세상 사람들이 능히 알 수 없다 한 것을 취하여 넓은 경계[138]를 삼은 것이요
또한 이 이구二句를 온전히 인용하여 이타를 삼은 것이다.

진실로 자체와 작용이 둘이 없다고 한 아래는 자체와 작용이 걸림이 없는 것으로써 자리와 이타가 걸림이 없음을 해석한 것이다.

---

136 三句 아래에 북장경北藏經에는 爲體라는 두 글자(二字)가 더 있다.
137 앞이란, 영인본 화엄 5책, p.364, 6행이다.
138 원문에 광경廣境이란, 소문疏文에서 말한 작용(用)이다.

그러나 위에 소문[139]에서는 다만 안근과 색경만 잡아서 자체에 비례하였으니
뒤에 오근과 오경은 가히 알 수가 있을 것이다.

疏

此上十義가 同爲一聚의 法界緣起하야 相卽自在어늘 菩薩善達하야 作用無礙하나니 思之思之니라 又經且約根境相對어니와 亦應境境相對리니 謂色塵入正受하야 聲塵三昧起等이니 此如下童子身中에 入正定等中明하니라 復應根根相對리니 謂眼根入正受하야 耳根三昧起等과 一塵入正受하야 多根三昧起等이니 並略不說하니라

이 위에 열 가지 뜻이[140] 다 한 뭉치 법계연기가 되어 서로 즉하여 자재하거늘 보살이 잘 통달하여 작용이 걸림이 없나니 생각하고 생각할 것이다.

또 경에는 우선 육근과 육경이 상대함을 잡아 설하였거니와 또한 응당 육경과 육경이 상대함을 설해야 하리니,
말하자면 색진 가운데서 정정[141]에 들어가 성진[142] 가운데서 정정[143]으

---

139 원문에 上疏란, 바로 위에 안근기정眼根起定 운운이다.
140 이 위에 열 가지 뜻이란, 오대五對에 십의十義이다.
141 원문에 정수正受란, 정정正定이다.

로 좇아 일어나오는 등이니 이것은 아래 동자 몸¹⁴⁴ 가운데서 정정에 들어간다고 한 등 가운데서 밝힌 것과 같다.

다시 응당 육근과 육근이 상대함을 설해야 하리니,

말하자면 안근에서 정정에 들어가 이근 가운데서 정정으로 좇아 일어나오는 등과 일진一塵에서 정정에 들어가¹⁴⁵ 다근多根 가운데서 정정으로 좇아 일어나오는 등이니 모두 생략하고 설하지 아니하였다.

鈔

又經且約根境下는 例顯이라 若境境相對인댄 卽下於他身自在中攝일새 故此不明이요 根根相對等은 但略無耳언정 例亦合有리라 若具

---

142 원문에 성향聲香의 香 자는 塵 자이다.
143 원문에 삼매三昧란, 역시 정정正定이다.
144 원문에 하동자신下童子身이란, 此下 경문經文이니 영인본 화엄 5책, p.387, 3행에 있다.
145 일진一塵에서 정정에 들어간다고 운운한 등은 만약 당구當句 가운데 있어 그 말을 번역한다면 곧 응당히 말하기를 다근多根에서 정정에 들어가 일진에서 일어나오는 까닭으로 등等이라 말해야 할 것이니 이것은 제일중第一重의 등等이요, 만약 일진에서 정정에 들어가 다근에서 일어나온다는 상대로써 말한다면 곧 응당히 말하기를 일근一根에서 정정에 들어가 다진多塵에서 일어나오는 까닭으로 등이라 말해야 할 것이니 이것은 제이중第二重의 등等이다. 만약 다진에서 정정에 들어가 일근에서 일어나온다고 한다면 이것은 제이중에 있어 다만 그 말만 번역하였을 뿐이다. 그런 까닭으로 초문 가운데 (영인본 화엄 5책, p. 381, 6행에 등等 자는 등어양중等於兩重이라 함) 다만 양중兩重이라고만 말하고 삼중三重이라고는 말하지 않았다. 역시 『잡화기』의 말이다.

說者인댄 應云호대 於眼根中入正定하야 於耳根中從定起호대 示現耳性不思議하나니 諸天世人莫能知니라 於耳根中入正定하야 從眼起定心不亂하야 說眼無生無有起하며 性空寂滅無所作等이라하리니 成六根互用이라 一塵入正受等者는 亦略無耳니 若具應云호대 於色塵中入正定하야 於六根中從定起호대 示現六根不思議하나니 諸天世人莫能知니라 於六根中入正定하야 於色起定心不亂하야 說色無生無有起하며 性空寂滅無所作等이라하리라 復應有一根入하야 多塵起할새 故云等也라하니라 等字는 等於兩重하니 一은 等多根入一塵起요 二는 等一根入多塵起라 若具應云호대 於眼根中入正定하야 於六塵中三昧起호대 分別六境不思議하나니 諸天世人莫能知니라 於六境中入正定하야 眼根起定心不亂하야 說眼無生無有起하며 性空寂滅無所作이라하리라 餘根對塵亦然할새 故云並略不說이라하니라

또 경에는 우선 육근과 육경이 상대함을 잡아 설하였다고 한 아래는 비례하여 나타낸 것이다.
만약 육경과 육경이 상대하는 것이라면 곧 아래[146] 다른 사람의 몸에[147] 자재함을 얻는다고 한 가운데 거두었기에 그런 까닭으로 여기에서는 밝히지 않는 것이요
육근과 육근이 상대함을 설해야 한다고 한 등은 다만 생략되어

---

146 원문에 즉하卽下란, 영인본 화엄 5책, p.388, 6행이다.
147 원문에 어자타於自他의 自 자는 연자衍字이다.

없을 뿐일지언정 비례하면 또한 합당히 있어야 할 것이다.
만약 갖추어 설한다면 응당 말하기를
안근 가운데서 정정에 들어가
이근 가운데서 정정으로 좇아 일어나오되
이근의 자성이 불가사의함을 시현하나니
모든 하늘과 세상 사람들이 능히 알 수 없다.

이근 가운데서 정정에 들어가
안근 가운데로 좇아 정정에서 일어나오되 마음이 산란하지 않아
안근이 난 적도 없고 일어난 적도 없으며
자성이 공하고 적멸하여 지을 바가 없음을 설한다는 등이라고 해야 할 것이니,
육근이 서로 작용함을 이루는 것이다.

일진에서 정정에 들어간다고 한 등은 또한 생략되어 없을 뿐이니
만약 갖추어 설한다면 응당 말하기를
색진 가운데서 정정에 들어가
육근 가운데서 정정으로 좇아 일어나오되
육근의 자성이 불가사의함을 시현하나니
모든 하늘과 세상 사람들이 능히 알 수 없다.

육근 가운데서[148] 정정에 들어가
색진 가운데서 정정으로 좇아 일어나오되 마음이 산란하지 않아

색진이 난 적도 없고 일어난 적도 없으며
색진의 자성이 공하고 적멸하여 지을 바가 없음을 설한다는 등이라고 해야 할 것이다.
다시 응당 일근一根 가운데서 정정에 들어가 다진多塵 가운데서 정정으로 좇아 일어나온다는 말이 있어야 하기에 그런 까닭으로 말하기를 등等이라 하였다.
등等이라는 글자는 양중兩重을 등취하나니
첫 번째는 다근多根 가운데서 정정에 들어가 일진一塵 가운데서 정정으로 좇아 일어나오는 것을 등취한 것이요
두 번째는 일근一根 가운데서 정정에 들어가 다진多塵 가운데서 정정으로 좇아 일어나오는 것을 등취한 것이다.
만약 갖추어 말한다면 응당 말하기를
안근 가운데서 정정에 들어가
육진 가운데서 정정으로 좇아 일어나오되
육경의 자성이 불가사의함을 분별하나니
모든 하늘과 세상 사람들이 능히 알 수 없다.

육경 가운데서[149] 정정에 들어가

---

[148] 육근 가운데라고 운운한 것은 곧 제일에 등等이니, 6행에 一은 다근에서 정정에 들어가 일진에서 일어나온다고 한 것을 등취한다고 운운한 것은 곧 이 게송(영인본 화엄 5책, p.336, 8행)을 가리킨 것뿐이다. 역시 『잡화기』의 말이다.

[149] 육경 가운데 운운은 곧 제이중을 번역한 바이다. 역시 『잡화기』의 말이다.

안근 가운데서 정정으로 좇아 일어나오되 마음이 산란하지 않아 안근이 난 적도 없고 일어난 적도 없으며
안근의 자성이 공하고 적멸하여 지을 바가 없음을 설한다고 해야 할 것이다.
나머지 모든 근根을 나머지 모든 진塵에 상대하는 것도 또한 그러하기에 그런 까닭으로 말하기를 모두 생략하고 설하지 않았다 하였다.

疏

上來無礙가 深妙難思어니 始學之流가 如何趣入고 今當總結하리니 但能知事理無礙하고 根境一如하야 念慮不生하면 自當趣入하리라

상대에 걸림이 없다고 한 것이 깊고도 묘하여 사의하기 어렵거니 처음 배우는 무리가 어떻게 들어가겠는가.
지금에 마땅히 한꺼번에 맺어 말하리니, 다만 능히 사실과 진리가 걸림이 없고 육근과 육경이 일여一如함을 알아 생각 생각이 일어나지 아니하면 스스로 마땅히 들어가게 될 것이다.

鈔

上來無礙下는 第四에 總示入門이니 先問이요 後今當下는 正示라 知事理無礙하고 根境一如는 總觀也요 念慮不生은 總止也니 卽禪門大意니라

상래에 걸림이 없다고 한 아래는 제 네 번째 들어가는 문을 한꺼번에 보인 것이니
먼저는 물은 것이요
뒤에 지금에 마땅히라고 한 아래는 바로 보인 것이다.
사실과 진리가 걸림이 없고 육근과 육경이 일여함을 안다고 한 것은 모두 관찰한다는 것이요
생각 생각이 일어나지 않는다고 한 것은 모두 그친다는 것이니 곧 선문禪門의 대의이다.

疏

又向云호대 色性難思等은 卽色等總持니 是色陀羅尼自在佛等이며 亦應云호대 分別眼性難思에도 有眼陀羅尼自在佛等하리라 又眼中云호대 性空寂滅은 卽眼之度門이니 眼等本淨이며 亦應云호대 色等度門이니 色等本淨이라하리라 不唯取相爲染하고 無心爲淨而已니라 又以智論에 三觀束之하니 分別色相等은 是假名觀也요 性空寂滅은 是空觀也요 此二不二하고 色性難思는 中道觀也니 三無前後하야 皆是一心이라 對此三觀하야 應辨三止리니 謂方便隨緣止와 體眞止와 離二邊分別止라 旣止觀雙運인댄 亦名一心三止也라 卽一而三이며 卽三而一이며 雙照三一이며 雙遮三一이 是無礙也니 一一釋文은 準思可見이리

또 향전에 말하기를[150] 색진의 자성이 사의하기 어렵다고 한 등은

곧 색 등色等의 다라니(總持)이니 이것은 색다라니 자재불 등[151]이며,
또한 응당 말하기를 안근의 자성이 사의하기 어려움을 분별함[152]에도
안안眼다라니 자재불 등이 있어야 할 것이다.
또 안근 가운데 말하기를 자성이 공하고 적멸하다고 한 것은 곧
안안眼바라밀문이니 안안眼 등이 본래 청정한 것이며,
또한 응당 말하기를 색 등의 바라밀문이니 색 등이 본래 청정한
것이다 할 것이다.
오직[153] 모습을 취하는 것으로 더러운 것을 삼고 무심으로 청정한
것을 삼는 것과는 같지 않는 것이다.

또 『지도론』에 삼관으로써 묶었으니
색진의 모습을 분별한 등은 이것은 가관[154]이요,
자성이 공하고 적멸한 것은 이것은 공관이요,
이 두 가지가 둘이 아니고 색진의 자성이 사의하기 어려운 것은
중도관이니
이 삼관이 앞뒤가 없어서 다 한마음이다
이 삼관을 상대하여 응당 삼지를 분별해야 하리니,

---

150 원문에 향운向云이라고 한 것은 곧 제일게第一偈의 제삼구第三句에 시현색성부사의示現色性不思議이다. 영인본 화엄 5책, p.364, 6행에 있다.
151 자재불 등自在佛等이란 성, 향, 미, 촉, 법. 다라니 자재불을 등취함이다.
152 원문에 분별안성난사分別眼性難思는 初偈의 제삼구第三句이다.
153 오직 운운은 북종선의 말을 탄핵한 것이다.
154 원문에 가명관假名觀은 가관假觀이니 名 자가 없는 것이 좋다.

말하자면 방편수연지와 체진지와 이이변분별지이다.
이미 지·관을 함께 운행하였다면 또한 이름이 일심삼지이다.
하나에 즉한 셋이며[155] 셋에 즉한 하나이며 셋인 하나를 함께 비추며 셋인 하나를 함께 막는 것이 이것이 걸림이 없는 것이니,
낱낱이 해석한 경문은 이것을 기준하여 생각한다면 가히 볼 수 있을 것이다.

鈔

又向云下는 第五에 彰其含攝이라 於中又二니 先은 收總持等하야 會佛名經이라 然十二入은 約其含攝인댄 並稱總持요 約其性空究竟인댄 並稱波羅蜜이요 約其性本淸淨인댄 皆解脫門이요 約其覺性圓明인댄 並得稱佛이니 故佛名經云호대 眼陀羅尼自在佛과 乃至意陀羅尼自在佛과 色陀羅尼自在佛과 乃至法陀羅尼自在佛等이라하니라 不唯取相爲染等者는 結彈北宗禪門에 但得一分之義니 謂彼云호대 眼見色意同知는 染法界요 意不同知는 淨法界니 不意同知는 卽眼陀羅尼自在佛과 眼等總持度門等者는 今謂亦是一義일새 但得不起心之義耳니 不同上來에 十重五對의 無礙自在等하니라

또 향전에 말하기를이라고 한 아래는 제 다섯 번째 그 포함하여 섭수함[156]을 밝힌 것이다.

---

155 원문에 즉일이삼卽一而三이라고 한 것은 卽一心而三止요 卽一心而三觀이니 그런 까닭으로 소초疏鈔에 통어지관通於止觀이라 하였다.

그 가운데 또한 두 가지가 있나니

먼저는 다라니 등[157]을 거두어 『불명경』을 회통한 것이다.

그러나 십이입十二入은 그 포함하여 섭수함을 잡는다면[158] 모두 다라니라 이름할 것이요

그 자성이 공하여 구경究竟함을 잡는다면 모두 바라밀이라 이름할 것이요

그 자성이 본래 청정함을 잡는다면 다 해탈문이라 할 것이요

그 각성이 원만하게 밝음을 잡는다면 모두 부처님이라 이름함을 얻을 것이니,

그런 까닭으로 『불명경』에[159] 말하기를 안다라니 자재불과 내지 의意다라니 자재불과 색다라니 자재불과 내지 법다라니 자재불 등이라 하였다.

오직 모습을 취하는 것으로 더러운 것을 삼고 무심으로 청정한

---

156 포함하여 섭수한다고 한 것은 『불명경佛名經』 가운데 포함하여 섭수한 것이 아니니 가히 알 수 있을 것이다. 역시 『잡화기』의 말이다.
157 등等은 바라밀을 말한 것이다.
158 그 포함하여 섭수함을 잡는다면 운운한 것은 소문의 다라니는 총지이고 자재불은 부처님이고 도문度門은 바라밀이고 본정本淨(본래 청정하다)은 해탈이다. 혹자가 자재로써 해탈을 삼으니 알지 못하겠다. 본정은 어느 문門에 속하는가. 나는 그 말을 취하지 않는 바이다. 역시 『잡화기』의 말이다.
159 『불명경』 운운은 인용한 가운데 다만 총지와 그리고 부처님만 있을 뿐이고 나머지 도문과 본정의 이문二文은 인용하여 오지 않았다. 역시 『잡화기』의 말이다.

것을 삼는 것과는 같지 않다고 한 등은 북종선문에서 다만 일분一分의 뜻만 얻은 것을 맺어 탄핵한 것이니,
말하자면 저 북종선에서 말하기를 눈으로 색을 봄에 뜻이 같이 아는 것은 염법계요 뜻이 같이 알지 못하는 것은 정법계이니, 같이 알지 못하는 것은 곧 안다라니 자재불과 안다라니 바라밀문 등이라 한 것은 지금에 말하기를 역시 일분의 뜻이기에 다만 마음을 일으키지 않는다는[160] 일분의 뜻만을 얻은 것이니
상래에 십중 오대에서 걸림 없이 자재하다[161]는 등과는 같지 않는 것이다.

又以智論三觀下는 第二에 以三觀會智論이라 於中有三하니 初明三觀이니 先은 明次第三觀이요 後에 三無前後는 卽一心三觀이라 言此二不二하고 色性難思는 中道觀也는 此有二種中道하니 一은 但合上二하야 以爲中道니 此之中道는 大乘初門이요 二에 色性難思는 卽佛性中道니 斯爲圓妙니라 欲辨包含일새 故雙出耳니라 對此三觀下는 辨三止니 一에 方便隨緣止는 卽假觀家止니 謂方便涉有하야 隨一一緣하야 住一境故요 二에 體眞止는 卽空觀家止니 體達眞理하야 與理冥故요 三에 離二邊分別止는 卽中道家止니 不取有無等二相也니라

---

160 마음을 일으키지 않는다고 한 것은, 북종은 심성을 일으키지 않는 것으로써 현묘함을 삼고 남종은 심성을 요달하여 보는 것으로써 종을 삼나니 영인본 화엄 5책, p.120, 1행과 6행에 이미 설출한 바 있다.
161 원문에 무애자재無礙自在는, 上來에 십중오대十重五對의 무애자재無礙自在는 화엄華嚴의 뜻이다.

以上對經文之次일새 故以假觀爲初하고 今對上觀일새 亦以方便居首니라 若準智論인댄 先空次假後中이니 義如前辨하니라 旣止觀雙運下는 三에 雙結上二라 於中又二니 先結止觀이라 諸處多明一心三觀하니 旣有雙運인댄 則亦合言一心三止라하며 若具인댄 亦可言一心三止觀也라하리라 卽一而三下는 二에 結三一이 通於止觀이니 卽一而三은 體隨相用故요 卽三而一은 相用卽體故요 雙照三一은 體用顯然이요 雙遮三一은 互奪雙泯이니 謂卽體同用故로 非一이요 卽用同體故로 非三이라 一一釋文者는 今將三觀하야 以對經文인댄 三止遮照等도 亦然하나니 謂色相難思는 是假觀이요 眼定은 卽是隨緣止며 性空寂滅은 是空觀이요 色定은 卽是體眞止며 色性難思는 是中觀이요 眼根은 卽是離二邊分別止니라 以色性有二義하니 若以變礙爲性인댄 卽假觀攝이요 若以眞實難思爲性인댄 卽中道攝이라 止觀皆用雙運은 卽是根境對辨이니 二俱宛然은 卽是雙照요 二俱無礙하야 互奪雙亡은 卽是雙遮니라

또 『지도론』에 삼관으로써[162] 묶었다고 한 아래는 제 두 번째 삼관으로써 『지도론』을 회석한 것이다.
그 가운데 세 가지[163]가 있나니
처음에는 삼관을 밝힌 것이니
먼저는 차례로 삼관을 밝힌 것이요

---

162 又有의 有 자는 以 자의 잘못이다.
163 세 가지란, 처음에는 삼관을 밝힌 것이고 다음에는 삼지를 분별한 것이고 뒤에는 위에 두 가지를 함께 맺는 것이다.

뒤에 삼관이 앞뒤가 없다고 한 것은 곧 일심삼관을 밝힌 것이다.
이 두 가지가 둘이 아니고 색진의 자성이 사의하기 어려운 것은
중도관이라고 말한 것은 여기에 두 가지 중도가 있나니
첫 번째는 다만 위에 이관二觀을 합하여 중도를 삼은 것이니
이 중도는 대승의 초문初門이요
두 번째 색진의 자성이 사의하기 어렵다고 한 것은 곧 불성의 중도
이니
이것이 원만하고 묘함이 되는 것이다.
포함한 것을 분별하고자 하였기에 그런 까닭으로 함께 설출하였을
뿐이다.[164]

이 삼관을 상대하여 응당 삼지를 분별해야 한다고 한 아래는 삼지를
분별한 것이니
첫 번째 방편수연지는 곧 가관가假觀家의 지止이니,
말하자면 방편으로 유有를 관계하여 낱낱 인연을 따라 한 경계에
머무는 까닭이요
두 번째 체진지는 곧 공관가空觀家의 지止이니,
진리를 체달하여 진리로 더불어 명합한 까닭이요
세 번째 이이변분별지는 곧 중도가中道家의 지止이니,
있고 없는 등의 두 가지 모습을 취하지 않는 것이다.
이상에서는 경문의 차례를 상대하였기에 그런 까닭으로 가관으로써

---

164 원문에 쌍출이雙出耳는 이종중도二種中道를 함께 설출하였다는 것이다.

처음을 삼았고, 지금에는 위에 가관을 상대하였기에 또한 방편수연지로써 처음에 두었다.
만약 『지도론』을 기준한다면 먼저는 공관이요,
다음은 가관이요,
뒤에는 중도관이니
뜻은 앞에서 분별한 것과 같다.
이미 지·관을 함께 운행하였다면이라고 한 아래[165]는 세 번째 위에 지·관의 두 가지를 함께 맺는 것이다.
그 가운데 또한 두 가지가 있나니
먼저는 지·관을 맺는 것이다.
모든 곳에서 다분히 일심삼관을 밝혔으니
이미 지·관을 함께 운행함이 있었다면 곧 또한 합당히 일심삼지라고 말해야 할 것이며,
만약 갖추어 말한다면 또한 가히 일심삼지삼관이라고 말해야 할 것이다.

하나에 즉한 셋이라고 한 아래는 두 번째 셋과 하나가 지·관에 통함을 맺는 것이니,
하나에 즉한 셋이라고 한 것은 자체가 모습과 작용을 따르는 까닭이요
셋에 즉한 하나라고 한 것은 모습과 작용이 자체에 즉한 까닭이요

---

[165] 下 자 아래에 三 자가 있는 것이 좋다.

셋인 하나를 함께 비춘다고 한 것은 자체와 모습과 작용이 밝게 나타난 것이요

셋인 하나를 함께 막는다고 한 것은 서로 빼앗아 함께 없는 것이니 말하자면 곧 자체가 모습과 작용과 같은 까닭으로 하나가 아니요 곧 모습과 작용이 자체와 같은 까닭으로 셋이 아니라는 것이다.

낱낱이 해석한 경문이라고 한 것은 지금에 삼관을 가져 경문을 상대한다면 삼지三止와 함께 막는 것과 함께 비추는 등도 또한 그러하나니,

말하자면 색진의 모습을 사의하기 어려운 것은 이것은 가관이요
안근 가운데 정정은[166] 곧 이것은 수연지며
안근의 자성이 공하고 적멸한 것은 이것은 공관이요
색진 가운데 정정은 곧 이것은 체진지며
색진의 자성이 사의하기 어려운 것은 이것은 중관이요
안근은 곧 이것은 이이변분별지이다.

---

[166] 안근 가운데 정정이라고 운운한 것은 앞에서는 다만 하여금 이사理事가 걸림이 없게 하는 까닭으로 반드시 사관을 상대하여 이정理定을 말하고 이관을 상대하여 사정事定을 말하였거니와, 지금에는 지止와 관觀이 서로 같기를 요망하는 까닭으로 가관假觀을 상대하여 방편수연지方便隨緣止를 말한 등이다. 이상은 『잡화기』의 말이다. 등이라고 한 것은 공관空觀을 상대하여 체진지體眞止를 말하고 중관中觀을 상대하여 이이변분별지離二邊分別止를 말한 것이다.

색진의 자성에 두 가지 뜻이 있나니

만약 변애變碍로써 자성을 삼는다면 곧 가관에 섭속하는 것이요 만약 진실로 사의하기 어려운 것으로써 자성을 삼는다면 곧 중도에 섭속하는 것이다.

지·관에 다 함께 운행함을 적용한[167] 것은 곧 이것은 육근과 육경을 상대하여 분별한 것이니,

두 가지가 함께 완연한 것은 곧 이것은 함께 비추는 것이요

두 가지가 함께 걸림이 없어서 서로 빼앗아 함께 없는 것은 곧 이것은 함께 막는 것이다.

疏

此是菩薩의 圓融功德으로 而自莊嚴하야 觸目對境이 常所行用이니 希心玄趣하야 幸願留神하노라

---

[167] 二는 止의 잘못이니, 지·관에 다 함께 운행함을 적용한다 운운한 것은 위에는 경문을 상대하여 삼관을 상대하고 삼지에 배속한 까닭으로 여기는 경문을 잡아 쌍차쌍조에 배속한 것이니, 말하자면 지와 관에 각각 함께 운행함이 있는 것이다. 저 경문 가운데서 육근과 육경을 상대하여 분별한 즉 육근에서 정정에 들어가고 육진에서 정정에 들어간 것이 함께 완연한 것은 곧 지止 가운데 쌍조이고, 색상相과 색성性이 공적함을 시현한 것이 함께 완연한 것은 곧 관觀 가운데 쌍조이다. 쌍차는 곧 각각 위에 뜻을 민절하는 것이니 가히 알 수 있을 것이다. 이상은 『잡화기』의 말이다. 지관에 다 함께 운행한다고 한 것은 지止 가운데도 쌍차·쌍조가 있고 관觀 가운데도 쌍차·쌍조가 있다는 것이다.

이것은 보살의 원융한 공덕으로 스스로 장엄하여 눈이 닿아 경계를 상대하는 것이 항상 행하고 사용하는 바이니,
마음을 현묘한 이취에 희망하여 원컨대 유신留神[168]하기를 바란다.

---

[168] 유신留神은 유의留意이다.

經

童子身中入正定하야 壯年身中從定出하고
壯年身中入正定하야 老年身中從定出하니다

老年身中入正定하야 善女身中從定出하고
善女身中入正定하야 善男身中從定出하니다

善男身中入正定하야 比丘尼身從定出하고
比丘尼身入正定하야 比丘身中從定出하니다

比丘身中入正定하야 學無學身從定出하고
學無學身入正定하야 辟支佛身從定出하니다

辟支佛身入正定하야 現如來身從定出하고
於如來身入正定하야 諸天身中從定出하니다

諸天身中入正定하야 大龍身中從定出하고
大龍身中入正定하야 夜叉身中從定出하니다

夜叉身中入正定하야 鬼神身中從定出하고

동자의 몸 가운데서 정정에 들어가
장년의 몸 가운데서 정정으로 좇아 나오고
장년의 몸 가운데서 정정에 들어가

노년의 몸 가운데서 정정으로 좇아 나옵니다.

노년의 몸 가운데서 정정에 들어가
선녀의 몸 가운데서 정정으로 좇아 나오고
선녀의 몸 가운데서 정정에 들어가
선남의 몸 가운데서 정정으로 좇아 나옵니다.

선남의 몸 가운데서 정정에 들어가
비구니의 몸 가운데서 정정으로 좇아 나오고
비구니의 몸 가운데서 정정에 들어가
비구의 몸 가운데서 정정으로 좇아 나옵니다.

비구의 몸 가운데서 정정에 들어가
유학과 무학의 몸 가운데서 정정으로 좇아 나오고
유학과 무학의 몸 가운데서 정정에 들어가
벽지불의 몸 가운데서 정정으로 좇아 나옵니다.

벽지불의 몸 가운데서 정정에 들어가
현재 여래의 몸 가운데서 정정으로 좇아 나오고
여래의 몸 가운데서 정정에 들어가
모든 하늘의 몸 가운데서 정정으로 좇아 나옵니다.

모든 하늘의 몸 가운데서 정정에 들어가

큰 용의 몸 가운데서 정정으로 좇아 나오고
큰 용의 몸 가운데서 정정에 들어가
야차의 몸 가운데서 정정으로 좇아 나옵니다.

야차의 몸 가운데서 정정에 들어가
귀신의 몸 가운데서 정정으로 좇아 나오고

疏

二에 童子下에 六頌半은 於他身得自在라 此有三義하니 一은 如前眼根入等하야 但約見境하야 爲出入耳요 二는 菩薩이 化現彼身하야 作此轉變이 速疾也요 三은 菩薩이 以衆生身으로 作自身이니 如下十身相作等이라 是故로 於彼身入하야 此身出호대 而彼不覺知하고 唯應度者가 知得度也니라

두 번째 동자의 몸 가운데라고 한 아래에 여섯 게송 반은 다른 몸에서 자재를 얻는 것이다.
여기에 세 가지 뜻이 있나니[169]

---

[169] 세 가지 뜻이 있다고 한 것은 곧 앞의 두 가지 뜻 가운데 시현示現의 뜻이고, 뒤에 두 가지 뜻은 곧 앞에 자재自在의 뜻 가운데서 열어 설출한 것이지만 처음에는(뒤에 두 가지 가운데 처음이니 제 두 번째 뜻이다) 자신으로써 저들의 몸을 변화하고, 뒤에는(세 번째 뜻이다) 저들의 몸으로써 자신을 짓는 것이다. 역시 『잡화기』의 말이다. 여기 사기私記에 저들이란 중생이고, 자신이란 보살이다.

첫 번째는 앞에 안근 가운데서 정정에 들어간다는 등과 같아서 다만 보이는 경계[170]만을 잡아서 정정에서 나오고 들어감을 삼는 것이요

두 번째는 보살이 저 몸을 화현하여 이런 전변轉變을 짓는 것이 빠른 것이요

세 번째는 보살이 중생의 몸으로써 자신을 짓는 것이니 아래에 십신을 서로 짓는 등과 같다.

이런 까닭으로 저 몸 가운데서 들어가 이 몸 가운데서 나오지만 저가 깨달아 알지 못하고 오직 응당[171] 제도할 자만이 제도 얻을 자를 아는 것이다.

---

170 원문에 見境이란, 즉 육근六根이 상대하는 육진 경계이다.
171 오직 응당이라고 운운한 것은 저 가운데서 오직 응당 제도할 자라고 말한 것은 능히 보살이 저 몸 가운데 들어가고 나와 그 제도할 중생을 아는 것이다. 이상은 『잡화기』의 말이다.

經

鬼神身中入正定하야 一毛孔中從定出하니다

一毛孔中入正定하야 一切毛孔從定出하고
一切毛孔入正定하야 一毛端頭從定出하니다

一毛端頭入正定하야 一微塵中從定出하고
一微塵中入正定하야 一切塵中從定出하니다

귀신의 몸[172] 가운데서 정정에 들어가
한 털구멍 가운데서 정정으로 좇아 나옵니다.

한 털구멍 가운데서 정정에 들어가
일체 털구멍 가운데서 정정으로 좇아 나오고
일체 털구멍 가운데서 정정에 들어가
한 털끝 가운데서 정정으로 좇아 나옵니다.

한 털끝 가운데서 정정에 들어가
한 작은 티끌 가운데서 정정으로 좇아 나오고
한 작은 티끌 가운데서 정정에 들어가

---

[172] 귀신의 몸 이하는 고본의 편집이 맞지 않아 우납이 고쳤다. 즉 위에 마지막 두 구절과 여기에 처음 두 구절로 한 게송을 삼아야 한다. 그리고 그 아래는 네 구절로 한 게송을 삼으면 된다.

일체 티끌 가운데서 정정으로 좇아 나옵니다.

疏

三에 鬼神下에 二頌半은 微細自在니 謂毛孔約正報니 卽佛及衆生이요 毛頭約空處요 微塵是色相이니 多約器界라 並身在中하야 入定出定은 爲顯三昧純熟하야 隱顯自在故며 亦通觀彼出入定等이 卽於境無礙也니라 若唯約身在彼인댄 下十定中에도 亦云無生法中入起이라하얏거니 安有處耶아

세 번째 귀신의 몸 가운데라고 한 아래에 두 게송 반은 미세한 가운데서 자재를 얻는 것이니,
말하자면 털구멍은 정보를 잡은 것이니 곧 부처님과 그리고 중생이요
털끝은 공처空處[173]를 잡은 것이요
작은 티끌은 색상이니 다분히 기세계를 잡은 것이다.
모두 몸이 그 가운데 있어서 정정에 들어가고 정정으로 좇아 나오는 것은 정정(三昧)이 순숙하여 숨고 나타남에 자재함을 나타내기 위한 까닭이며
또한 저 가운데서[174] 정정으로 좇아 나오고 들어가는 등이[175] 곧 저

---

173 공처空處는 의보依報이다.
174 또한 저 가운데라고 운운한 것은 이 위에는 몸이 저 경계 가운데 있음을 잡아 나오고 들어감을 삼았거니와, 지금에는 곧 다만 저 경계를 관찰하는

경계에 걸림이 없음을 다 관찰케 하기 위한 것이다.
만약 오직 몸이 저 가운데에만 있음을 잡는다면 아래의 십정품 가운데도 또한 말하기를 무생법인 가운데서 정정에 들어가고 정정으로 좇아 일어나온다 하였거니 어찌 처소가 있겠는가.

것만으로 들어가고 나옴을 삼나니 몸이 반드시 저 가운데 있는 것이 아니다. 그런 까닭으로 아래 십정품 경문에 무생법인 가운데서 정정에 들어가고 정정으로 좇아 일어나온다고 한 것도 역시 관觀을 잡아 들어가고 일어남을 삼은 것이니, 이것은 몸이 저곳에 있는 것이 아니다. 역시 『잡화기』의 말이다.
175 원문에 출입정등出入定等이 무애야無碍也"니" 토라고 『잡화기』는 말하나 나는 무애야"라" 토로 보았다.

經

一切塵中入正定하야 金剛地中從定出하고
金剛地中入正定하야 摩尼樹上從定出하니다

摩尼樹上入正定하야 佛光明中從定出하고
佛光明中入正定하야 於河海中從定出하니다

於河海中入正定하야 於火大中從定出하고
於火大中入正定하야 於風起定心不亂하니다

於風大中入正定하야 於地大中從定出하고
於地大中入正定하야 於天宮殿從定出하니다

於天宮殿入正定하야 於空起定心不亂하니다

일체 티끌 가운데서 정정에 들어가
금강지 가운데서 정정으로 좇아 나오고
금강지 가운데서 정정에 들어가
마니 나무 위에서 정정으로 좇아 나옵니다.

마니 나무 위에서 정정에 들어가
부처님의 광명 가운데서 정정으로 좇아 나오고
부처님의 광명 가운데서 정정에 들어가
강과 바다 가운데서 정정으로 좇아 나옵니다.

강과 바다 가운데서 정정에 들어가
화대火大 가운데서 정정으로 좇아 나오고
화대 가운데서 정정에 들어가
풍대 가운데서 정정으로 좇아 일어나오되 마음이 산란하지 않습니다.

풍대 가운데서 정정에 들어가
지대 가운데서 정정으로 좇아 나오고
지대 가운데서 정정에 들어가
하늘 궁전에서 정정으로 좇아 나옵니다.

하늘 궁전에서 정정에 들어가
허공 가운데서 정정으로 좇아 일어나오되 마음이 산란하지 않습니다.

疏

四에 一切塵下에 四頌半은 器界事中에 周徧入出이라 然이나 菩薩身普遍이 略有四位하니 一은 普遍一切十方刹海요 二는 遍彼刹內에 樹等物中이요 三은 遍一切塵毛等中호대 皆圓遍非分遍이니 是故로 皆全身顯現이요 四는 以是法界身故로 不異不分이니 恒在此常在彼하야 無有前後니라

네 번째 일체 티끌 가운데라고 한 아래에 네 게송 반은 기세계 가운데서 두루 들어가고 나오는 것이다.

그러나 보살의 몸이 널리 두루한 것이 간략하게 사위四位[176]가 있나니
첫 번째는 일체 시방세계의 바다에 널리 두루한 것이요
두 번째는 저 세계 안에 나무 등 사물 가운데 두루한 것이요
세 번째는 일체 티끌과 털구멍 등 가운데 두루하되 다 원만하게 두루하고 부분으로 두루한 것이 아니니,
이런 까닭으로 다 전신이 밝게 나타나는 것이요
네 번째는 이것은 법계의 몸인[177] 까닭으로 다르지도 않고 나누지도 않지만 항상 여기에도 있고 항상 저기에도 있어서 앞뒤가 없는 것이다.

---

176 사위四位라고 한 것은 경에 비록 이 문장이 없지만 뜻으로는 다 있다 하겠다. 역시 『잡화기』의 말이다.
177 네 번째는 이것은 법계의 몸이라 운운한 것은 이것은 곧 몸이 온전히 법계인 까닭으로 비록 나누어 가지 않지만 항상 저기에도 있고 항상 여기에도 있는 것이다. 역시 『잡화기』의 말이다.

經

是名無量功德者의 三昧自在難思議니
十方一切諸如來가 於無量劫說不盡이니다

이것을 이름하여 한량없는 공덕자의
정정(三昧)이 자재하여 사의하기 어려운 것이라 하나니
시방의 일체 모든 여래가
한량없는 세월에 설하여도 다 설할 수 없습니다.

疏

第三에 是名下에 一頌은 總結이니 初句는 以德命人이요 次句는 依人顯德이요 後半은 明說不盡이라 近結第十의 定用無盡이요 遠結前十定의 大用無盡이니 以是無盡之法門故니라 十에 寂用無涯三昧門은 竟이라

제 세 번째 이것을 이름하여라고 한 아래에 한 게송은 모두 맺는 것이니
처음 구절은 공덕으로써 사람을 명명命名한 것이요
다음 구절은 사람을 의지하여 공덕을 나타낸 것이요
뒤에 반 게송은 설하여도 다 설할 수 없음을 밝힌 것이다.
가까이는 제 열 번째 정정의 작용이 다함이 없음을 맺고 멀리는
앞에 열 가지 정정의 작용이 다함이 없음을 맺는 것이니,

이것이 다함이 없는 법문인 까닭이다.

열 번째 적체와 작용이 끝이 없는 삼매문은 마친다.

經

一切如來咸共說하사대　衆生業報難思議며
諸龍變化佛自在와　　菩薩神力亦難思니이다

欲以譬諭而顯示인댄　　終無有諭能諭此하나니

일체 여래가 다 함께 말씀하시기를
중생의 업보는 사의하기 어려우며
모든 용들의 변화와 부처님의 자재와
보살의 신통력도 또한 사의하기 어렵습니다.

비유로써 현시하고자 한다면
마침내 비유로는 능히 이것을 비유할 수 없나니

疏

第五에 一切下는 喩況玄旨分이며 亦名擧劣顯勝分이라 以上所說은 普賢行德이 窮于佛境이니 蓋是信滿之位가 旣越常規하야 乖於視聽이라 滯情封敎인댄 取信無由일새 故擧斯近事하야 以鏡玄趣하야 令開悟也니라 七十九頌은 分爲三段하리니 初二는 總標喩意요 二에 七十六頌은 別顯喩相이요 三에 一頌은 結說顯德이라 今初에 先一偈半은 明非喩能喩요 後半偈는 借喩通玄이라 今初에 擧四難思니 意在菩薩神力이라 瑜伽決擇分에 有六種不可思議

하니 謂一者는 我요 二는 有情이요 三은 世間이요 四는 有情業果요 五는 諸修靜慮者의 靜慮境界요 六은 諸佛世尊의 諸佛境界라 今 衆生은 含其前三하니 加龍變化하면 所以有四니라 菩薩神力은 卽 靜慮者境界니 舊經梵本에 皆云禪定力用故라하니라 然이나 衆生 業報는 四因難思니 謂處所差別故며 事差別故며 因差別故며 異 熟果差別故니라 諸龍變化는 不起心念하고 六天四洲에 雲雨不 同等일새 故難思也니라 佛自在者는 有五難思하니 謂眞如甚深故 며 自在轉故며 無漏界證得故며 無障礙故며 成立有情의 所作事 故니라 菩薩神力은 由三種相이니 除佛後二니라 以今經文엔 分同 佛五니 以皆超言念일새 故로 無可同喩니라

제 다섯 번째 일체 여래라고 한 아래는 현묘한 뜻을 비유한 부분이며 또한 이름이 하열한 것을 들어 수승한 것을 나타낸 부분이다.
이상에서 설한 바는 보현의 행덕이 부처님의 경계를 다한 것이니 대개 믿음이 만족한 지위가 이미 보편적 법유를 넘어 보고 듣는 것을 어기는 것이다.
망정에 막히고 가르침에 막히면 믿음을 취할 인유가 없기에 그런 까닭으로 이 가까운 사실을 들어 현묘한 의취를 비추어 하여금 열어 깨닫게 하는 것이다.
칠십 아홉 게송을 나누어 삼단으로 하리니
처음에 두 게송은 비유의 뜻을 한꺼번에 표한 것이요
두 번째 칠십 여섯 게송은 비유의 모습을 따로 나타낸 것이요
세 번째 한 게송은 말을 맺고 공덕을 나타낸 것이다.

지금은 처음으로 먼저 한 게송 반은 비유로는 능히 비유할 수 없음을 밝힌 것이요
뒤에 반 게송은 비유를 빌려 현묘함을 통석한 것이다.
지금은 처음으로 네 가지 사의하기 어려운 것을[178] 들었지만 뜻은 보살의 신통력에 있다.

『유가론』 결택분決擇分에 여섯 가지 불가사의가 있나니
말하자면 첫 번째는 나(我)요,
두 번째는 유정이요,
세 번째는 세간이요,
네 번째는 유정의 업과요,
다섯 번째는 모든 정려靜慮를 닦는 사람의 정려의 경계요
여섯 번째는 모든 부처님 세존의 모든 부처님 경계이다.
지금에 중생의 업보라고 한 것은 그 앞에 세 가지를 포함하였으니 모든 용들의 변화를 더하면 그런 까닭으로 네 가지가 있게 되는 것이다.
보살의 신통력이라고 한 것은 곧 정려[179]자의 경계이니 구경舊經과 범본에 다 말하기를 선정력의 작용인 까닭이다 하였다.
그러나 중생의 업보는 네 가지 원인을 사의하기 어렵나니
말하자면 처소가 차별한 까닭이며,

---

178 네 가지 사의하기 어려운 것이란, 중생의 업보와 모든 용들의 변화와 부처님의 자재와 보살의 신통력이다.
179 원문에 정려淨慮의 淨 자는 靜 자의 잘못이다.

일이 차별한 까닭이며,

원인이 차별한 까닭이며,

이숙과가 차별한 까닭이다.

모든 용들의 변화라고 한 것은 한 마음 한 생각도 일으키지 않고 육천과 사주四洲에 구름과 비를 같지 않게 하기에 그런 까닭으로 사의하기 어려운 것이다.

부처님의 자재라고 한 것은 다섯 가지 사의하기 어려운 것이 있나니 말하자면 진여가 깊고도 깊은 까닭이며,

자재롭게 전변하는 까닭이며,

무루의 세계를 증득한 까닭이며,

장애가 없는 까닭이며,

유정有情들이 지은 바 일을 성립하는 까닭이다.

보살의 신통력이라고 한 것은 세 가지 모습[180]을 인유하나니 부처님의 자재에 뒤에 두 가지[181]를 제외하는 것이다.

지금에 경문은 부분적으로 부처님의 다섯 가지 사의하기 어려운 것과 같나니,

다 말과 생각을 초월하였기에 그런 까닭으로 가히 같이 비유할 수 없는 것이다.

---

180 원문에 삼종상三種相이란, 불자재오佛自在五 중에 전삼상前三相이다.

181 원문에 후이後二란, 무장애無障碍와 성립유정사成立有情事이다.

鈔

今衆生等者는 以業報二字가 是第四故로 則初一含四니라 菩薩神力等者는 以無障礙는 約二障盡故요 成立有情은 未周遍故라

지금에 중생의 업보라고 한 등은 업보라는 두 글자가 제 네 번째[182]인 까닭으로 곧 처음에 하나[183]가 네 가지를 포함하였다.

보살의 신통력이라고 한 등은 장애가 없다고 한 것[184]은 이장二障이 다함을 잡은[185] 까닭이요
유정들의 지은 바 일을 성립한다고 한 것은 아직 두루하지 아니한 까닭이다.

---

182 원문에 제사第四란, 유가론의 제 네 번째(第四)에 유정업과有情業果이다.
183 원문에 초일初一이란, 今經의 初一에 중생衆生이다.
184 원문에 이무장애以無障礙라고 한 것은 소문疏文에 뒤에 두 가지를 제한다고 한 것이다.
185 이장二障이 다함을 잡았다고 한 것은 그 뜻에 말하기를 보살은 아직 다하지 아니한 까닭이다. 『잡화기』의 말이다. 그러나 생각해 볼 것이다.

經

然諸智慧聰達人은 **因於譬故解其義**니이다

그러나 모든 지혜롭고 총명하고 통달한 사람은
비유를 인한 까닭으로 그 뜻을 압니다.

疏

後半中에 **然取分喩**는 **以小喩大**하야 **令聞喩者**로 **忘象領意故**로 **褒以智者**니라

뒤에 반 게송 가운데 그러나 소분의 비유(分喩)를 취한 것은 작은 것으로써 큰 것을 비유하여 비유의 말씀을 듣는 사람으로 하여금 형상을 잃고 뜻을 알게 하는 까닭으로 지혜로운 사람으로써 밝힌[186] 것이다.

鈔

然取分喩者는 由上云無可同喩라하야ㅅ거늘 今何喩耶아할새 故云分喩라하니라 無可喩者는 下經云호대 三界有無一切法이 不能與佛爲譬喩라하니라 言分喩者는 喩有八種하니 一順二逆이요 三現四非요 五先六後요 七者先後요 八者遍喩니 如涅槃說하니라 前文已引에 則

---

186 褒는 '기릴 포' 자이니, 포창褒彰의 뜻이다.

有遍喩일새 今對遍喩하야 但取少分하니라 如言佛面이 猶如滿月은
但取圓無缺義故니 今喩亦然하니라 以小喩大者는 若易中射隼于高
墉으로 以況天下等이니 其事甚多니라

그러나 분유를 취하였다고 한 것은 위에서 말하기를 가히 같이
비유할 수 없다고 하였거늘, 지금에 무엇으로 비유함을 인유하는가
하기에 그런 까닭으로 말하기를 분유를 취한다 하였다.

가히 비유할 수 없다고 한 것은 아래 경에 말하기를 삼계의 있고
없는 일체법이 능히 부처님으로 더불어 비유가 될 수 없다 하였다.
분유라고 말한 것은 그 비유가 여덟 가지가[187] 있나니
첫 번째는 순서대로 비유하는 것이요
두 번째는 역으로 비유하는 것이요
세 번째는 나타내어 비유하는 것이요
네 번째는 아닌 것을 가정하여 비유하는 것이요
다섯 번째는 먼저 비유하는[188] 것이요
여섯 번째는 뒤에 비유하는 것이요
일곱 번째는 앞뒤에 다 비유하는 것이요
여덟 번째는 두루 비유하는 것이니, 『열반경』[189]에 설한 것과 같다.

---

187 여덟 가지 운운은, 여덟 가지 비유는 『불교사전』(운허 저), p.903을 참고하라.
188 먼저 비유 운운은 먼저 비유를 말하고 뒤에 법을 말하며, 먼저 법을 말하고
   뒤에 비유를 말하며, 앞이나 뒤나 다 비유를 말하는 것이다.
189 『열반경涅槃經』이란, 남경南經은 27권卷이다.

전문前文에서 이미 인용함에[190] 곧 두루 비유하는 것이 있었기에 지금에는 앞에 두루 비유하는 것을 상대하여 다만 소분의 비유만을 취하였을 뿐이다.

부처님의 얼굴이 비유하자면 둥근 달과 같다고 말한 것과 같은 것은 다만 원만하여 이지러짐이 없는 뜻만을 취한 까닭이니, 지금에 소분의 비유도 또한 그러한 것이다.

작은 것으로써 큰 것을 비유한다고 한 것은 『주역』 가운데 매를[191] 높은 담에서 쏘는[192] 것으로써 천하를 다스림에 비유한 등과 같나니 그런 사실이 매우 많다.

令聞喩等者는 周易略例云호대 夫象者는 出意者也요 言者는 明象者也니 盡意莫若象하고 盡象莫若言이라 言生於象일새 故可尋言以觀象하고 象生於意일새 故可尋象以觀意니 意以象盡하고 象以言著니라 言者는 所以明象일새 得象而忘言하고 象者는 所以存意일새 得意

---

190 전문前文에서 이미 인용하였다고 한 것은 『유망기』는 다만 『현담』이라고만 하였다.
191 매를 운운은 하나를 보면 다 안다는 뜻이니, 매를 쏘는 것을 보고 천하天下 다스릴 것을 안다는 것이다. 隼은 '매 준' 자이다.
192 매를 높은 담에서 쏜다고 운운한 것은 매를 높은 담에서 쏘는 사람이 그 마음에 말하기를 만약 이것을 얻으면 곧 천하를 얻고 이것을 얻지 못하면 천하를 얻지 못함이 있다 말하니, 말하자면 작은 것으로써 큰 것에 비유한 것이다. 역시 『잡화기』의 말이다.

而忘象이니 猶蹄者는 所以在兎일새 得兎而忘蹄하고 筌者는 所以在魚일새 得魚而忘筌也니라 然則言者는 象之蹄也요 象者는 意之筌也니 是故로 存言者는 非得象者也요 存象者는 非得意者也니라 象生於意이나 而存象焉하면 則所存者가 乃非其象也요 言生於象이나 而存言焉하면 則所存者가 乃非其言也니라 然則忘象者라사 乃得意者也요 忘言者라사 乃得象者也니라 得意在忘象하고 得象在忘言일새 故로 立象以盡意하면 而象可忘也요 重畫以盡情하면 而畫可忘也니라 是故로 觸類하면 可爲其象하고 合義하면 可爲其徵이라하니라 今疏에 用此文故로 令忘象領意라하니 謂如水現四兵은 是喩是象이니 但知菩薩이 無心頓現이면 則水印可忘矣니 諸喩皆然하니라 若能忘象得意하면 斯爲智者어니와 執象失意하면 乃成愚滯일새 故法華云호대 諸有智者는 以譬喩得解라하니라

비유의 말씀을 듣는 사람으로 하여금이라고 한 등은 『주역약례周易略例』[193]에 말하기를 대저 형상(象)이라고 하는 것은 뜻을 설출하는 것이요

말이라고 하는 것은 형상(象)을 밝히는 것이니,

뜻을 다하는 것은 형상만 같은 것이 없고 형상을 다하는 것은 말만 같은 것이 없다.

말은 형상에서 나오기에 그런 까닭으로 가히 말을 찾아 형상을 관찰하고, 형상은 뜻에서 나오기에 그런 까닭으로 가히 형상을

---

193 『주역약례周易略例』는 왕필王弼이 지은 『주역약례周易略例』이다.

찾아 뜻을 관찰하는 것이니,
뜻은 형상으로써 다하고 형상은 말로써 나타내는 것이다.
말이라고 하는 것은 그 까닭이 형상을 밝히는 데 있기에 형상을 얻으면 말을 잃고, 형상이라고 하는 것은 그 까닭이 뜻을 밝히는 데 있기에 뜻을 얻으면 형상을 잃는 것이니,
비유하자면 그물이라고 하는 것은 그 까닭이 토끼를 잡는 데 있기에 토끼를 얻으면 그물을 잃고, 통발이라고 하는 것은 그 까닭이 고기를 잡는 데 있기에 고기를 얻으면 통발을 잃는 것과 같은 것이다.
그러나 곧 말이라고 하는 것은 형상의 그물이요 형상이라고 하는 것은 뜻의 통발이니,
이런 까닭으로 말을 두는 사람은 형상을 얻지 못한 사람이요 형상을 두는 사람은 뜻을 얻지 못한 사람이다.
형상은 뜻에서 생겨나지만 형상을 두면 곧 두는 바 형상이 이에 그 형상이 아니요
말은 형상에서 생겨나지만 말을 두면 곧 두는 바 말이 그 말이 아닌 것이다.
그러나 곧 형상을 잃은 사람이라야 이에 뜻을 얻은 사람이요 말은 잃은 사람이라야 이에 형상을 얻은 사람이다.
뜻을 얻는 것은 형상을 잃는 데 있고 형상을 얻는 것은 말을 잃는 데 있기에 그런 까닭으로 형상을 세워 뜻을 다하면 형상을 가히 잃을 것이요
획畫을 거듭하여[194] 뜻을 다하면 획을 가히 잃을 것이다.
이런 까닭으로 유형에 닿으면 가히 형상이 되고, 뜻에 합하면 가히

징험(徵)¹⁹⁵이 된다 하였다.

지금 소문에서는 이 문장을 인용한 까닭으로 하여금 형상을 잃고 뜻을 알게 한다 하였으니,

말하자면 물에 사병四兵을 나타낸 것과 같은¹⁹⁶ 것은 이것은 이 형상을 비유한 것이니,

다만 보살이 무심코 문득 나타내는 줄만 안다면 곧 물에 찍힌 것을 가히 잃을 것이니 모든 비유도 다 그러한 것이다.

만약 능히 형상을 잃고 뜻을 얻으면 이것은 지혜로운 사람이 되거니와, 형상에 집착하여 뜻을 잃으면 이에 어리석음에 막힌 사람을 이루기에 그런 까닭으로 말하기를 『법화경』에 모든 지혜 있는 사람들은 비유로써 지해(解)를 얻는다 하였다.

---

194 원문에 重畫이란, 주역의 획수를 거듭 그었다는 것이니, ☰ 이와 같은 것이다.
195 징험(徵)이란, 위에 상象과 여기에 징徵이 합치면 상징象徵이 되는 것이다.
196 원문에 여수현사병如水現四兵이라고 한 것은 영인본 화엄 5책, p.398, 6행의 게송을 의인意引한 것이다. 前 영인본 화엄 5책, p.286, 9행에 이미 나왔다. 즉 검극劍戟, 호시弧矢, 개주鎧冑, 거여車轝의 사병四兵은 今經의 사병四兵이다. 『열반경』 28권은 상象, 마馬, 거車, 보병步兵을 사병四兵이라 하였다.

經

聲聞心住八解脫이라도 所有變現皆自在하야
能以一身現多身하고　復以多身爲一身하니다

於虛空中入火定하고　行住坐臥悉在空하며
身上出水身下火하며　身上出火身下水하니다

如是皆於一念中에　種種自在無邊量하나니
彼不具足大慈悲하고　不爲衆生求佛道호대

尙能現此難思事어든　況大饒益自在力이리까

성문은 마음이 팔해탈에 머물러도
소유한 신통 변현이 다 자재하여
능히 한 몸으로써 많은 몸을 나타내고
다시 많은 몸으로써 한 몸을 삼습니다.

허공 가운데서 화정火定에 들어가고
가거나 머물거나 앉거나 눕거나 다 허공에 있으며
몸 위에서 물을 내고 몸 아래서 불을 내며
몸 위에서 불을 내고 몸 아래서 물을 냅니다.

이와 같이 다 한 생각 가운데

가지가지 자재한 것이 끝도 한량도 없나니
저 성문은 큰 자비를 구족하지도 않았고
중생을 위하여 불도를 구하지도 않았지만

오히려 능히 이런 사의하기 어려운 일을 나타내었거든
하물며 크게 요익케 하는 자재한 힘이겠습니까.

疏

二에 聲聞下는 別辨이니 於中에 略顯二十種大喩하야 以況菩薩之德하니라 初에 有三頌半은 明聲聞現通喩니 況菩薩自在益生德이라 先明喩요 末偈는 擧劣顯勝이니 不爲衆生은 無大悲也요 不求菩提는 無大智也라 大饒益者는 具悲智也라

두 번째 성문이라고 한 아래는 따로 비유의 모습을 분별한[197] 것이니 그 가운데 간략하게 스무 가지 큰 비유를 나타내어 보살의 공덕을 비유하였다.
처음에 세 게송 반이 있는 것은 성문이 신통을 나타내는 비유를 밝힌 것이니,
보살이 자재로 중생을 이익케 하는 공덕에 비유한 것이다.
먼저는 비유를 밝힌 것이요
끝에 게송은 하열한 것을 들어 수승한 것을 나타낸 것이니,

---

197 영인본 화엄 5책, p.392, 8행에는 별현유상別顯喩相이라 하였다.

중생을 위하지 않는 것은 대비가 없는 것이요
보리를 구하지 않는 것은 대지가 없는 것이다.

크게 요익케 한다고 한 것은 대비와 대지를 구족한 것이다.

經

譬如日月遊虛空에　影像普遍於十方하야
泉池陂澤器中水와　衆寶河海靡不現인달하야

菩薩色像亦復然하야 十方普現不思議라
此皆三昧自在法이니 唯有如來能證了니이다

비유하자면 해와 달이 허공을 유행함에
그 영상이 널리 시방에 두루하여
샘과 못과 저수지와 그릇 가운데 물과
수많은 보배와 강과 바다에 나타나지 아니함이 없는 것과 같아서

보살의 색상도 또한 다시 그러하여
시방에 널리 나타나되 불가사의합니다.
이것은 다 삼매의 자재한 법이니
오직 여래만이 능히 증득하여 요달함이 있을 뿐입니다.

疏

二에 有二偈는 日月現影喩니 況菩薩普應群機德이라

두 번째 두 게송이 있는 것은 해와 달이 영상을 나타내는 비유이니
보살이 널리 중생의 근기에 응하는 공덕에 비유한 것이다.

經

如淨水中四兵像이　　各各別異無交雜하야
劍戟弧矢類甚多하고　　鎧胄車輿非一種거든

隨其所有相差別하야　　莫不皆於水中現이나
而水本自無分別인달하야 菩薩三昧亦如是하니다

마치 맑은 물 가운데 사병의 영상이
각각 달라 서로 섞이지 아니하여
칼과 창과 활과 화살의 종류가 매우 많고
갑옷과 투구와 수레와 가마[198]가 한 종류가 아니거든

그들이 소유한 형상의 차별을 따라서
다 물 가운데 나타나지 아니함이 없지만
물은 본래부터 스스로 분별이 없는 것과 같아서
보살의 삼매도 또한 이와 같습니다.

疏

三에 有二頌은 水現四兵喩니 喩菩薩海印現像德이라

---

198 輿는 가마 종류이다.

세 번째 두 게송이 있는 것은 물에 사병이 나타나는 비유이니 보살이 해인 삼매의 영상을 나타내는 공덕에 비유한 것이다.

經

海中有神名善音이라 其音普順海衆生하고
所有語言皆辨了하야 令彼一切悉歡悅하나다

彼神具有貪恚癡나　猶能善解一切音거든
況復總持自在力이　而不能令衆歡喜리까

바다 가운데 신이 있나니 이름이 선음입니다.
그 음성이 널리 고해 중생을 수순하고
소유한 말들을 다 분별하여 알아
저 일체중생으로 하여금 다 기쁘게 합니다.

저 신이 탐욕과 성냄과 어리석음을 갖추고 있지만
오히려 능히 일체 음성을 잘 알거든
하물며 다시 다라니의 자재한 힘이
능히 중생으로 하여금 환희케 하지 못하겠습니까.

疏

四에 有二頌은 善音巧辨喩니 喩菩薩總持巧說德이라

네 번째 두 게송이 있는 것은 선음이 선교로 분별한 비유이니
보살이 다라니로 교묘하게 설하는 공덕에 비유한 것이다.

經

有一婦人名辯才라 父母求天而得生하니
若有離惡樂眞實인댄 入彼身中生妙辯하리다

彼有貪欲瞋恚癡나 猶能隨行與辯才어든
何況菩薩具智慧하고 而不能與衆生益이리까

한 부인이 있나니 이름이 변재입니다.
부모가 하늘에 구하여 태어남을 얻었으니
만약 어떤 사람이라도 악을 버리고 진실을 좋아한다면
저 사람의 몸 가운데 들어가 묘한 변재를 생기할 것입니다.

저 부인이 탐욕과 성냄과 어리석음이 있지만
오히려 능히 수행함을 따라 변재를 주거든
어찌 하물며 보살이 지혜를 갖추고
능히 중생에게 이익을 주지 못하겠습니까.

疏

五에 二頌은 女授辯才喩니 喩授法益生德이라

다섯 번째 두 게송은 변재천녀가 변재를 주는 비유이니
법을 주어 중생을 이익케 하는 공덕에 비유한 것이다.

經

譬如幻師知幻法하야　能現種種無量事호대
須臾示作日月歲와　城邑豐饒大安樂하니다

幻師具有貪恚癡나　猶能幻力悅世間거든
況復禪定解脫力이　而不能令衆歡喜리까

비유하자면 환술사가 환술의 법을 알아서
능히 가지가지 한량없는 일을 나타내되
잠깐 사이에 하루와 한 달과 한 해와
성과 읍이 풍요롭고 크게 안락함을 시현하여 짓는 것과 같습니다.

환술사가 탐욕과 성냄과 어리석음을 갖추고 있지만
오히려 능히 환술의 힘으로 세간을 기쁘게 하거든
하물며 다시 선정과 해탈의 힘이
능히 중생으로 하여금 환희케 하지 못하겠습니까.

疏

六에 譬如幻師下에 二頌은 幻師巧術喩니 喩不思議解脫德이라

여섯 번째 비유하자면 환술사라고 한 아래에 두 게송은 환술사가
교묘하게 환술을 부리는 비유이니
불가사의한 해탈의 공덕에 비유한 것이다.

經

天阿脩羅鬪戰時에　脩羅敗衄而退走하면
兵仗車輿及徒旅를　一時竄匿莫得見하니다

彼有貪欲瞋恚癡나　尙能變化不思議어든
況住神通無畏法하야　云何不能現自在리까

하늘과 아수라가 싸움을 할 때에[199]
아수라가 패하여 코피 난 채[200] 물러나 달아나면
병장기와 수레와 가마와 그리고 수많은 군대를
일시에 숨겨[201] 보지 못하게 합니다.

저 아수라가 탐욕과 성냄과 어리석음을 갖추고 있지만
오히려 능히 변화하는 힘이 불가사의하거든
하물며 신통의 두려움이 없는 법에 머물러
어떻게 능히 자재함을 나타내지 못하겠습니까.

---

199 원문에 아수라투전阿脩羅鬪戰 운운은, 아수라왕이 싸우다가 패敗하면 연꽃 속으로 숨는다.
200 衄은 '코피 날 뉵' 자이다. 따라서 패뉵敗衄은 패하여 코피가 나는 모습이다.
201 竄은 '숨을 찬' 자이다. 匿은 '숨을 닉' 자이다.

疏

七에 二頌은 修羅隱形喩니 喩勝通隱顯德이라

일곱 번째 두 게송은 아수라가 모습을 숨기는 비유이니 수승한 신통으로 숨고 나타내는 공덕에 비유한 것이다.

> 經

釋提桓因有象王하니 彼知天主欲行時하야
自化作頭三十三하야 一一六牙皆具足하니다

一一牙上七池水가　淸淨香潔湛然滿하고
一一淸淨池水中에　各七蓮華妙嚴飾하니다

彼諸嚴飾蓮華上에　各各有七天玉女하야
悉善技藝奏衆樂하야 而與帝釋相娛樂하니다

彼象或復捨本形하고 自化其身同諸天에
威儀進止悉齊等하니 有此變現神通力이니다

彼有貪欲瞋恚癡나　尙能現此諸神通거든
何況具足方便智코사　而於諸定不自在리까

제석천왕에게 코끼리왕이 있나니
저 코끼리는 제석천왕(天主)이 가고자 할 때를 알아
스스로 머리를 서른두 개로 화작하여
낱낱 코끼리에 여섯 개의 상아를 구족하였습니다.

낱낱 상아 위에 일곱 개의 연못에 물이
청정하고 향기롭고 맑아 담연하게 넘쳐흐르고

낱낱이 청정한 연못의 물 가운데
각각 일곱 개의 연꽃이 묘하게 장엄하여 꾸몄습니다.

저 모든 장엄하여 꾸민 연꽃 위에
각각 일곱 하늘의 옥녀들이 있어
다 연기와 예술을 잘하고 수많은 음악도 잘 연주하여
제석천왕으로 더불어 서로 즐기고 있습니다.

저 코끼리가 혹은 다시 본래의 모습을 버리고
스스로 그 몸을 화작하여 모든 하늘과 같게 함에
위의와 나아가고 그치는 것이 다 같나니
이런 변화하여 나타내는 신통력이 있습니다.

저 코끼리가 탐욕과 성냄과 어리석음을 갖추고 있지만
오히려 능히 이런 모든 신통을 나타내거든
어찌 하물며 방편과 지혜를 구족하고서
모든 삼매에 자재하지 못하겠습니까.

疏

八에 五頌은 象王隨變喩니 喩定用自在德이라

여덟 번째 다섯 게송은 코끼리왕이 따라 변화하는 비유이니
삼매의 작용이 자재한 공덕에 비유한 것이다.

經

如阿脩羅變化身이　蹈金剛際海中立하면
海水至深僅其半하고　首共須彌正齊等하니다

彼有貪欲瞋恚癡나　尙能現此大神通거든
況伏魔怨照世燈이　而無自在威神力이리까

아수라의 변화한 몸이
금강제金剛際를 밟고 바다 가운데 서면
바닷물이 지극히 깊지만 겨우[202] 그 아수라의 몸 반밖에 차지 않고
머리는 수미산과 같이 바로 같습니다.

저 아수라가 탐욕과 성냄과 어리석음을 갖추고 있지만
오히려 능히 이런 큰 신통을 나타내거든
하물며 마군과 원수를 항복받고 세간을 비추는 등불이
자재한 위신력이 없겠습니까.

疏

九에 二頌은 修羅大身喩니 喩法界身雲德이니 同於上文에 主伴嚴麗하니라

---

[202] 僅은 '겨우 근' 자이다.

아홉 번째 두 게송은 아수라 큰 몸의 비유이니,
법계 몸 구름의 공덕에 비유한 것이니
위의 문장[203]에서 주·반이 장엄하여 빛나게 하는 삼매문이라고 한 것과 같다.

---

[203] 위의 문장이란, 영인본 화엄 5책, p.359, 1행이다.

經

天阿脩羅共戰時에　　帝釋神力難思議니
隨阿脩羅軍衆數하야　現身等彼而與敵하면

諸阿脩羅發是念호대　釋提桓因來向我하야
必取我身五種縛이라하야 由是彼衆悉憂悴하니다

帝釋現身有千眼하며　手持金剛出火焰하며
被甲持杖極威嚴하야　脩羅望見咸退伏하니다

彼以微小福德力으로도　猶能摧破大怨敵거든
何況救度一切者가　　具足功德不自在리까

하늘과 아수라가 함께 싸움을 할 때에
제석천왕의 위신력은 사의하기 어렵나니
아수라 군대의 많은 수를 따라
몸을 저들 아수라와 같이 나타내어 대적하면

모든 아수라가 이런 생각을 일으키되
제석천왕이 우리들을 향하여 와서
반드시 우리들의 몸을 취하여 오체를 결박할 것이다 하여
이것을 인유하여 저 아수라 군대가 다 근심합니다.

제석천왕이 몸을 나타냄에 천 개의 눈이 있으며
손에는 금강저를 가지고 불꽃을 내며
갑옷을 입고 병장기를 가진 것이 지극히 위엄스러워
아수라가 바라봄에 다 물러나 항복합니다.

저 제석천왕이 작은 복덕의 힘으로도
오히려 능히 큰 원적을 꺾어 파멸하거든
어찌 하물며 일체중생을 구원하여 제도하는 사람이
큰 공덕을 구족하고서 자재하지 못하겠습니까.

疏

十에 有四頌은 帝釋破怨喩니 喩降伏衆魔德이라

열 번째 네 게송이 있는 것은 제석천왕이 원적을 파멸하는 비유이니
수많은 마군을 항복받는 공덕에 비유한 것이다.

經

忉利天中有天鼓하니 從天業報而生得이라
知諸天衆放逸時하야 空中自然出此音호대

一切五欲悉無常이 如水聚沫性虛僞하며
諸有如夢如陽焰하며 亦如浮雲水中月하니다

放逸爲怨爲苦惱하야 非甘露道生死徑이니
若有作諸放逸行인댄 入於死滅大魚口하리다

世間所有衆苦本은 一切聖人皆厭患이며
五欲功德滅壞性이니 汝應愛樂眞實法하라하니다

三十三天聞此音하고 悉共來昇善法堂하면
帝釋爲說微妙法하야 咸令順寂除貪愛케하니다

彼音無形不可見이나 猶能利益諸天衆거든
況隨心樂現色身코사 而不濟度諸群生하리까

도리천 가운데 하늘 북이 있나니
하늘의 업보를 좇아 생겨난 것입니다.
모든 하늘 대중이 방일하는 때를 알아
공중에서 자연스레 이런 소리를 내되

일체 오욕은 다 무상한 것이
마치 물의 거품이 자성이 거짓인 것과 같으며
모든 있는 것들이 꿈과 같고 아지랑이와 같으며
또한 뜬구름과 물 가운데 달과 같습니다.

방일은 원수가 되고 고뇌가 되어
감로의 길이 아닌 생사의 길이니
만약 어떤 사람이라도 방일의 행을 짓는다면
생멸의 큰 고기의 입에 들어갈 것입니다.

세간에 있는 바 수많은 고통의 근원은
일체 성인이 다 싫어하고 근심하는 것이며
오욕은 공덕을 소멸하여 깨뜨리는 자성이니
그대들은 응당 진실한 법을 사랑하고 좋아하라 하였습니다.

삼십삼천의 대중이 이 소리를 듣고
다 함께 와서 선법당善法堂[204]에 올라가면
제석천왕이 그들을 위해 미묘한 법을 설하여
다 하여금 적멸을 따르고 탐욕과 애욕을 제멸케 합니다.

저 북소리는 형상이 없어서 가히 볼 수 없지만

---

204 선법당善法堂은 제석帝釋이 머무는 곳이다.

오히려 능히 모든 하늘의 대중을 이익케 하거든
하물며 마음에 좋아함을 따라 색신을 나타내고서
모든 군생을 제도하지 못하겠습니까.

疏

十一에 忉利天下에 六頌은 天鼓說法喩니 況菩薩이 以無功用으로
現身說法德이라

열한 번째 도리천이라고 한 아래에 여섯 게송은 하늘 북이 법을
설하는 비유이니
보살이 무공용으로써 몸을 나타내어 법을 설하는 공덕에 비유한
것이다.

經

天阿脩羅共鬪時에 諸天福德殊勝力으로
天鼓出音告其衆호대 汝等宜應勿憂怖하라하니다

諸天聞此所告音하고 悉除憂畏增益力하니
時阿脩羅心震懼하며 所將兵衆咸退走하니다

甘露妙定如天鼓하야 恒出降魔寂靜音하니
大悲哀愍救一切하야 普使衆生滅煩惱케하니다

하늘과 아수라가 함께 싸울 때에
모든 하늘이 수승한 복덕의 힘으로
하늘 북이 소리를 내어 그 대중에게 이르기를
그대 등은 응당 마땅히 근심하지 말라 하였습니다.

모든 하늘이 이렇게 이르는 바 소리를 듣고
다 근심과 두려움을 제멸하여 힘을 증익하나니
그때 아수라왕은 마음이 떨리고 두려우며
거느린 바 수많은 병졸들은 다 물러나 달아났습니다.

감로의 묘한 삼매가 하늘북과 같아서
항상 마군을 항복받는 적정한 소리를 내나니
대비로 어여삐 여겨 일체를 구제하여

널리 중생으로 하여금 번뇌를 소멸케 합니다.

疏

十二에 有三頌은 天鼓安慰喩니 況菩薩慈音除惱德이라

열두 번째 세 게송이 있는 것은 하늘 북이 위안하는 비유이니 보살이 자비의 목소리로 번뇌를 제멸하는 공덕에 비유한 것이다.

經

帝釋普應諸天女의　九十有二那由他하야
令彼各各心自謂호대 天王獨與我娛樂이라하니다

如天女中身普應하야 善法堂內亦如是호대
能於一念現神通하야 悉至其前爲說法하니다

帝釋具有貪恚癡나　能令眷屬悉歡喜거든
況大方便神通力이　而不能令一切悅이리까

제석천왕이 널리 모든 천녀
구십이九十二 나유타 사람을 응대하여
저 천녀로 하여금 각각 마음에 스스로 이르기를
제석천왕이 유독 나로 더불어만 즐긴다 하게 합니다.

천녀 가운데서 몸을 널리 응대한 것과 같아서
선법당 안에서도 또한 이와 같이 응대하되
능히 한 생각에 신통을 나타내어
다 그 앞에 이르게 하여 그들을 위하여 법을 설합니다.

제석천왕이 탐욕과 성냄과 어리석음을 갖추고 있지만
능히 권속으로 하여금 다 환희케 하거든
하물며 큰 방편과 신통의 힘이

능히 일체 권속으로 하여금 기쁘게 하지 못하겠습니까.

疏

十三에 有三頌은 天王普應喩니 喩普應悅機德이라

열세 번째 세 게송이 있는 것은 제석천왕이 널리 응대한 비유이니 널리 응대하여 중생을 기쁘게 하는 공덕에 비유한 것이다.

經

他化自在六天王이　於欲界中得自在일새
以業惑苦爲罥網하야　繫縛一切諸凡夫하니다

彼有貪欲瞋恚癡나　猶於衆生得自在어든
況具十種自在力코사　而不能令衆同行하리까

타화자재 여섯 천왕이
욕계 가운데서 자재를 얻었기에
업·혹·고로써 그물[205]을 삼아
일체 모든 범부를 결박합니다.

저 타화자재천왕이 탐욕과 성냄과 어리석음을 갖추고 있지만
오히려 중생에게 자재함을 얻거든
하물며 열 가지 자재함을 구족하고서
능히 중생으로 하여금 함께 행하게 못하겠습니까.

疏

十四에 二頌은 魔繫愚夫喩니 喩攝生同行德이라

---

[205] 罥은 '그물 견' 자이다.

열네 번째 두 게송은 마왕이 어리석은 범부를 결박하는 비유이니 중생을 섭수하려고 함께 행하는 공덕에 비유한 것이다.

經

三千世界大梵王이　一切梵天所住處에
悉能現身於彼坐하야 演暢微妙梵音聲하니다

彼住世間梵道中이나 禪定神通尙如意어든
況出世間無有上코사 於禪解脫不自在리까

삼천 세계에 대범천왕이
일체 범천이 머무는 곳에
다 능히 몸을 나타내어 그곳에 앉아
미묘하고 맑은 음성을 연창합니다.

저 범천왕이 세간의 범도梵道 가운데 머물지만
선정과 신통이 오히려 여의하거든
하물며 세간을 벗어나 더 이상 없고서[206]
선정과 해탈에 자재하지 않겠습니까.

疏

十五에 二頌은 梵王殊現喩니 況菩薩解脫自在德이라

---

[206] 원문에 출세간무유상出世間無有上이란, 곧 보살을 가리키는 것이다.

열다섯 번째 두 게송은 범천왕이 달리 나타내는 비유이니
보살이 해탈에 자재한 공덕에 비유한 것이다.

經

摩醯首羅智自在하야 大海龍王降雨時에
悉能分別數其滴호대 於一念中皆辨了하니다

無量億劫勤修學하야 得是無上菩提智거든
云何不於一念中에 普知一切衆生心이리까

마혜수라천[207]왕이 지혜가 자재하여
큰 바다에 용왕이 비를 내릴 때에
다 능히 분별하여 그 물방울을 헤아려 알되
한 생각 가운데 다 분별하여 압니다.

한량없는 억 세월에 부지런히 닦고 배워
더 이상 없는 보리의 지혜를 얻었거든
어떻게 한 생각 가운데
널리 일체중생의 마음을 알지 못하겠습니까.

疏

十六에 魔醯下에 二頌은 自在數滴喩니 況菩薩一念普知德이라

열여섯 번째 마혜수라천왕이라고 한 아래에 두 게송은

---

207 마혜수라천은 대자재천이라고도 한다.

대자재천왕이 물방울을 헤아려 아는 비유이니
보살이 한 생각에 널리 아는 공덕에 비유한 것이다.

◯ 經

衆生業報不思議하야 以大風力起世間의
巨海諸山天宮殿과   衆寶光明萬物種하니다

亦能興雲降大雨하고 亦能散滅諸雲氣하며
亦能成熟一切穀하고 亦能安樂諸群生케하니다

風不能學波羅蜜하고 亦不學佛諸功德이나
猶成不可思議事어든 何況具足諸願者리까

중생의 업보는 불가사의하여
큰 바람의 힘으로써 세간에
큰 바다와 모든 산과 하늘 궁전과
수많은 보배와 광명과 만물의 종자를 생기합니다.

또한 능히 구름을 일으켜 큰 비를 내리게 하고
또한 능히 모든 구름의 기운을 흩어 사라지게 하며
또한 능히 일체 곡식을 성숙케 하고
또한 능히 모든 군생을 안락케 합니다.

바람은 능히 바라밀을 배우지 않고
또한 능히 부처님의 공덕을 배우지 않았지만
오히려 능히 불가사의한 일을 이루거든

어찌 하물며 모든 서원을 구족한 사람이겠습니까.

疏

十七에 三頌은 大風成事喩니 喩大願宿成德이라

열일곱 번째 세 게송은 큰 바람으로 일체 일을 이루는 비유이니 큰 서원으로 숙세에 이룬 공덕에 비유한 것이다.

經

男子女人種種聲과　一切鳥獸諸音聲과
大海川流雷震聲도　皆能稱悅衆生意어든

況復知聲性如響하고　逮得無礙妙辯才하야
普應衆生而說法코사　而不能令世間喜리까

남자와 여자의 가지가지 소리와
일체 새와 짐승의 모든 소리와
큰 바다와 시냇물과 우뢰의 진동하는 소리도
다 능히 중생의 마음에 칭합하여 기쁘게 하거든

하물며 다시 소리의 자성이 메아리와 같은 줄 알고
걸림 없는 묘한 변재를 얻음에 미쳐
널리 중생을 응대하여 법을 설하고서
세간으로 하여금 기쁘게 함을 얻지 못하겠습니까.

疏

十八에 二頌은 衆聲悅意喩니 喩四辯悅機德이라

열여덟 번째 두 게송은 수많은 소리로 마음을 기쁘게 하는 비유이니
네 가지 변재로 중생을 기쁘게 하는 공덕에 비유한 것이다.

> 經

海有希奇殊特法하야 能爲一切平等印하나니
衆生寶物及川流를　普悉包容無所拒하니다

無盡禪定解脫者가　爲平等印亦如是하야
福德智慧諸妙行의　一切普修無厭足하니다

바다는 희기하고 수특한 법이 있어
능히 일체를 평등하게 찍(印)나니
중생과 보물과 그리고 시냇물을
널리 다 포함하여 거부하는 바가 없습니다.

끝없는 선정으로 해탈한 사람이
평등하게 찍는 것도 또한 이와 같아서
복덕과 지혜와 모든 묘한 행의
일체를 널리 닦지만 싫어하거나 만족함이 없습니다.

> 疏

十九에 二頌은 大海包含喩니 喩禪慧普修德이라

열아홉 번째 두 게송은 큰 바다가 포함하는 비유이니
선정과 지혜를 널리 닦는 공덕에 비유한 것이다.

◯經

大海龍王遊戲時에 **普於諸處得自在**하야

큰 바다에 용왕이 노닐 때에
널리 모든 곳에서 자재함을 얻어

◯疏

二十에 大海龍下에 二十四頌半은 龍王遊戲喩니 喩菩薩遊戲神
變德이라 文分爲二리니 初에 二十二頌半은 明龍王大用不同이요
後에 二頌은 正明擧劣顯勝이라 前中에 初半偈는 總標라

스무 번째 큰 바다에 용왕이라고 한 아래에 스물네 게송 반은 용왕이
노니는 비유이니
보살이 노니는 신통 변화의 공덕에 비유한 것이다.
경문을 나누어 두 가지로 하리니
처음에 스물두 게송 반은 용왕의 큰 작용이 같지 아니함을 밝힌
것이요
뒤에 두 게송은 바로 하열함을 들어 수승함을 나타낸 것을 밝힌
것이다.
앞의 스물두 게송 반 가운데 처음에 반 게송은 한꺼번에 표한 것이다.

經

興雲充遍四天下하니 其雲種種莊嚴色이니다

第六他化自在天엔　於彼雲色如眞金하며
化樂天上赤珠色이며 兜率陀天霜雪色이니다

夜摩天上瑠璃色이며 三十三天碼磠色이며
四王天上玻瓈色이며 大海水中金剛色이니다

緊那羅中妙香色이며 諸龍住處蓮華色이며
夜叉住處白鵝色이며 阿脩羅中山石色이니다

欝單越處金焰色이며 閻浮提中靑寶色이며
餘二天下雜莊嚴이니 隨衆所樂而應之니이다

구름을 일으켜 두루 사천하에 넘쳐나게 하니
그 구름이 가지가지로 장엄된 색상입니다.

제 여섯 번째 타화자재천상에는
저 구름의 색상이 진금과 같으며
화락천상에는 붉은 진주 색상이며
도솔타천상에는 흰 눈 색상입니다.

야마천상에는 유리 색상이며
삼십삼천[208]상에는 마노 색상이며
사왕천상에는 파려 색상이며
큰 바다 물 가운데는 금강 색상입니다.

긴나라 가운데는 묘향妙香 색상이며
모든 용이 머무는 곳에는 연꽃 색상이며
야차가 머무는 곳에는 흰 거위 색상이며
아수라 가운데는 산석山石의 색상입니다.

울단월 처소에는 황금 불꽃 색상이며
염부제 가운데는 푸른 보배 색상이며
나머지 두 천하[209]에는 여러 가지로 섞어 장엄한 색상이니
중생이 좋아하는 바를 따라서 응대합니다.

疏

餘頌은 別顯이라 於中四니 初四偈半은 雲色不同이니 喩菩薩身雲 各異라

나머지 게송은 따로 나타낸 것이다.

---

208 삼십삼천은 도리천을 번역한 말이다.
209 두 천하(二天下)는 동승신주, 서구야니(서우화주)이다.

그 가운데 네 가지가 있나니
처음에 네 게송 반은 구름의 색상이 같지 않는 것이니
보살의 몸 구름이 각각 다름에 비유한 것이다.

經

又復他化自在天엔　雲中電耀如日光하며
化樂天上如月光하며　兜率天上閻浮金하니다

夜摩天上珂雪色이며　三十三天金焰色이며
四王天上衆寶色이며　大海之中赤珠色이니다

緊那羅界瑠璃色이며　龍王住處寶藏色이며
夜叉所住玻瓈色이며　阿脩羅中碼磟色이니다

欝單越境火珠色이며　閻浮提中帝青色이며
餘二天下雜莊嚴이니　如雲色相電亦然하니다

또 다시 타화자재천상에는
구름 가운데 번갯빛이 햇빛 색상과 같으며
화락천상에는 달빛 색상과 같으며
도솔타천상에는 염부단금 빛 색상과 같습니다.

야마천상에는 마노[210]의 흰 색상이며
삼십삼천상에는 황금 불꽃 색상이며
사왕천상에는 수많은 보배 색상이며

---

210 珂는 '백마노 가' 자이다.

큰 바다 가운데는 붉은 진주 색상입니다.

긴나라 세계에는 유리 색상이며
용왕이 머무는 곳에는 보배 창고 색상이며
야차가 머무는 곳에는 파려 색상이며
아수라 가운데는 마노 색상입니다.

울단월 경계에는 불꽃 진주 색상이며
염부제 가운데는 검푸른 색상이며
나머지 두 천하에는 여러 가지로 섞어 장엄한 색상[211]이니
구름의 색상과 같아서 번갯빛의 색상도 또한 그러합니다.

疏

次에 有四頌은 電光差別이니 喩菩薩光明等殊라 第三偈云호대 寶藏色者는 梵云室利揭婆라하니 此云勝藏이라 勝藏卽寶名也니라 閻浮提中帝靑色者는 梵云天帝火焰摩尼色이라하니 亦珠寶名也니라

다음에 네 게송이 있는 것은 번갯빛의 색상이 차별한 것이니 보살의 광명 등등의 색상이 다름에 비유한 것이다.
제 세 번째 게송에 말하기를 보배 창고 색상이라고 한 것은 범본[212]에

---

211 원문에 잡장색雜莊色이란, 앞에서는 잡장엄雜莊嚴이라 하였다.

말하기를 실리게사室利揭娑라 하였으니
여기에서 말하면 승장勝藏이다.
승장은 곧 보배의 이름이다.
염부제 가운데 검푸른 색상이라고 한 것은 범본[213]에 검푸른 불꽃 마니 색상이라 하였으니
또한 진주 보배의 이름이다.

---

212 梵 자 아래에 本 자가 빠졌다.
213 梵 자 아래에 역시 本 자가 빠졌다.

經

他化雷震如梵音하며 化樂天中大鼓音이며
兜率天上歌唱音이며 夜摩天上天女音이니다

於彼三十三天上엔　如緊那羅種種音하며
護世四王諸天所엔　如乾闥婆所出音하니다

海中兩山相擊聲이며 緊那羅中簫笛聲이며
諸龍城中頻伽聲이며 夜叉住處龍女聲이니다

阿脩羅中天鼓聲이며 於人道中海潮聲이니다

타화자재천상에 우뢰의 진동 소리는 범천의 소리와 같으며
화락천상 가운데는 하늘 북 소리와 같으며
도솔타천상에는 노래 부르는 소리와 같으며
야마천상에는 천녀天女의 소리와 같습니다.

저 삼십삼천상에는
긴나라의 가지가지 소리와 같으며
세상을 옹호하는 사천왕의 모든 하늘 처소에는
건달바가 내는 바 소리와 같습니다.

바다 가운데는 두 산이 서로 부딪치는 소리와 같으며

긴나라 가운데는 퉁소 소리와 같으며
모든 용의 성 가운데는 가릉빈가 소리와 같으며
야차가 머무는 처소에는 용녀의 소리와 같습니다.

아수라 가운데는 하늘 북 소리와 같으며
인도人道 가운데는 바다 조수 소리와 같습니다.

疏

三에 有三頌半은 雷聲不等이니 喩菩薩三昧多種이라

세 번째 세 게송 반이 있는 것은 우뢰소리가 같지 않는 것이니 보살의 삼매가 여러 종류임에 비유한 것이다.

經

他化自在雨妙香과　種種雜華爲莊嚴하며
化樂天雨多羅華와　曼陀羅華及澤香하니다

兜率天上雨摩尼와　具足種種寶莊嚴과
髻中寶珠如月光과　上妙衣服眞金色하니다

夜摩中雨幢幡蓋와　華鬘塗香妙嚴具와
赤眞珠色上好衣와　及以種種衆妓樂하니다

三十三天如意珠와　堅黑沈水栴檀香과
欝金雞羅多摩等과　妙華香水相雜雨하니다

護世城中雨美膳호대　色香味具增長力하며
亦雨難思衆妙寶니　悉是龍王之所作이니다

타화자재천상에는 묘한 향과
가지가지 섞인 꽃을 비 내려 장엄하였으며
화락천상에는 다라수多羅樹[214] 꽃과
만다라 꽃과 그리고 택향澤香[215]을 비 내립니다.

---

214 다라수多羅樹는 안수岸樹라 번역한다.
215 택향澤香은, 소疏에는 도향塗香이라 하였다.

도솔타천상에는 마니와
가지가지 보배를 구족한 장엄과
상투 가운데 보배 진주의 달빛과 같은 것과
가장 묘한 의복의 진금 색상을 비 내립니다.

야마천중에는 당기와 번과 일산과
꽃다발과 바르는 향의 묘한 장엄구와
붉은 진주 색상의 가장 묘한 옷과
그리고 가지가지 많은 기악을 비 내립니다.

삼십삼천상에는 여의주와
굳고 검은 침수향과 전단향과
울금 꽃[216]과 계라다마 꽃 등과
묘한 꽃과 향수를 서로 섞어 비 내립니다.

세상을 옹호하는 사천왕 성중에는 좋은 반찬을 비 내리되
색과 향과 맛을 갖추어 힘을 증장하며
또 사의하기 어려운 수많은 묘한 보배를 비 내리니
다 이것은 용왕이 지은 바입니다.

---

216 울금 꽃이란, 번홍화蕃紅花이다.

> 經

又復於彼大海中에　霪雨不斷如車軸하며
復雨無盡大寶藏하며　亦雨種種莊嚴寶하니다

緊那羅界雨瓔珞과　衆色蓮華衣及寶와
婆利師迦末利香과　種種樂音皆具足하니다

諸龍城中雨赤珠하며　夜叉城內雨摩尼하며
阿脩羅中雨兵仗하야　摧伏一切諸怨敵하니다

欝單越中雨瓔珞하고　亦雨無量上妙華하며
弗婆瞿耶二天下엔　悉雨種種莊嚴具하니다

閻浮提雨淸淨水호대　微細悅澤常應時하야
長養衆華及果藥하고　成熟一切諸苗稼케하니다

또 다시 저 큰 바다 가운데는
때를 맞춰 내리는 비가 끊어지지 않는 것이 수레바퀴와 같으며
다시 끝없는 큰 보배 창고를 비 내리며
또 가지가지로 장엄한 보배를 비 내립니다.

긴나라 세계에는 영락과
수많은 색상의 연꽃 옷과 그리고 보배와

파리사가 꽃과 말리향과
가지가지 음악을 다 구족하여 비 내립니다.

모든 용의 성 가운데는 붉은 진주를 비 내리며
야차성 안에는 마니를 비 내리며[217]
아수라 가운데는 병장기를 비 내려
일체 모든 원적을 꺾어 항복시킵니다.

울단월 가운데는 영락을 비 내리고
또한 한량없는 최상의 묘한 꽃을 비 내리며
불바데와 구야니의 두 천하에는
다 가지가지로 장엄한 기구를 비 내립니다.

염부제에는 청정한 물을 비 내리되
미세한 기쁨의 비와 이슬[218]이 항상 그 때에 응하여
수많은 꽃과 그리고 과실과 약초를 장양하고
일체 모든 싹과 곡식을 성숙케 합니다.

疏

四에 有十頌은 所雨不一이니 喩菩薩說法多門이라 言曼陀羅者는

---

217 光은 雨 자의 잘못인 듯하여 고쳐 번역하였다.
218 澤은 우로雨露 택澤 자이다.

此云悅意요 澤香은 卽塗香也라 鷄羅多摩者는 鷄羅는 此云華蘂이요 多摩는 此云天上華니 謂此香은 是天華蘂으로 所作故也라 婆利師迦者는 此云雨時生華요 末利香은 卽華名이니 其色猶黃金이라

네 번째 열 게송이 있는 것은 비 내리는 바가 하나가 아니니 보살의 설법이 다문多門임에 비유한 것이다.
만다라라고 말한 것은 여기에서 말하면 마음을 기쁘게 하는 것이요 택향이라고 한 것은 곧 바르는 향이다.
계라다마라고 한 것은 계라는 여기에서 말하면 꽃술이요,
다마는 여기에서 말하면 천상의 꽃이니
말하자면 이 향은 천상의 꽃술[219]로 지은 바인 까닭이다.
파리사가라고 한 것은 여기에서 말하면 비 올 때에 나는 꽃이요
말리향이라고 한 것은 곧 꽃의 이름이니 그 색상이 황금색과 같다.

---

219 蘂는 '꽃술 예' 자이다.

ㄱ經

如是無量妙莊嚴과　種種雲電及雷雨를
龍王自在悉能作이나 而身不動無分別하니다

彼於世界海中住나　尙能現此難思力거든
況入法海具功德코사 而不能爲大神變이리까

이와 같이 한량없는 묘한 장엄과
가지가지 구름과 번개와 그리고 우뢰와 비를
용왕이 자재로 다 능히 짓지만
몸은 한 발짝도 움직이지 않고 마음은 일분도 분별이 없습니다.

저 용왕이 세계의 바다 가운데 머물지만
오히려 능히 이런 사의하기 어려운 힘을 나타내거든
하물며 진리의 바다에 들어가 공덕을 구족하고서
능히[220] 큰 신통변화를 짓지 못하겠습니까.

疏

第二에 如是無量下에 二頌은 正擧劣顯勝이니 謂娑竭羅龍이 於
六欲天等의 總十五處에 現斯作用이나 而身不動搖하고 心無分

---

[220] 재在 자는 능能 자의 잘못이다.

別하야 但由業報之力하야 現斯自在하나니 菩薩亦爾하야 住無功用하야 不動不思하야 於十方界에 應現多種이나 亦以菩薩의 功德之力으로 隨機見殊니라 此就喩意니 顯勝은 可知라

제 두 번째 이와 같이 한량없는 묘한 장엄이라고 한 아래에 두 게송은 바로 하열한 것을 들어 수승한 것을 나타낸 것이니,
말하자면 사갈라 용왕이 육욕천 등 모든 열다섯 곳²²¹에서 이와 같은 작용을 나타내지만 몸은 한 발짝도 움직이지 않고 마음은 일분도 분별이 없어 다만 업보의 힘만을 인유하여 이와 같이 자재함을 나타내나니,
보살도 또한 그러하여 무공용에 머물러 움직이지도 않고 생각하지도 아니하여 시방세계에 응당 여러 가지 몸을 나타내지만 또한 보살의 공덕의 힘으로써 근기를 따라 다른 몸을 나타내는 것이다.
이것은 비유의 뜻에 나아가서 해석한 것이니
수승함을 나타낸²²² 것은 가히 알 수가 있을 것이다.

---

221 열다섯 곳이란, 타화자재천, 화락천, 도솔천, 야마천, 삼십삼천(도리천), 사왕천, 대해大海, 긴나라, 제용처諸龍處, 야차, 아수라, 북울단월, 남염부제, 동선신주, 서구야니이다.
222 원문에 현승顯勝이란, 경經에 진리의 바다에 들어가 공덕을 구족한 보살菩薩은 대신변을 나툰다는 아래에 두 구절의 뜻이다.

經

彼諸菩薩解脫門은 一切譬諭無能顯이나
我今以此諸譬諭로 略說於其自在力하니다

저 모든 보살의 해탈문은
일체 비유로도 능히 나타낼 수 없지만
저가 지금 이 모든 비유로써
간략하게 그 자재한 힘을 설하였습니다.

疏

第三에 彼諸下에 一頌은 結說難思니 前半은 非喩能喩요 後半은 結上略說이라 引諸喩者는 略有二意하니 一은 顯菩薩自在不同이요 二는 貴令衆生起信이니 且江南之人은 不信千人氊帳하고 河北之者는 多疑萬斛之舟하나니 皆耳目不曁故耳니라 所以或擧目擊하며 或據具縛之人도 自在若斯하니 菩薩之用은 固當無惑거늘 今猶疑者인댄 豈不傷哉아

제 세 번째 저 모든 보살의 해탈문이라고 한 아래[223]에 한 게송은
사의하기 어려운 것을 맺어 말한 것이니
앞에 반 게송은 비유로 능히 비유할 수 없는 것이요

---

[223] 諸 자 아래에 下 자가 있는 것이 좋다.

뒤에 반 게송은 위에서 간략하게 설한 것을 맺는 것이다.
모든 비유를 인용한 것은 간략하게 두 가지 뜻이 있나니
첫 번째는 보살이 자재한 것이 같지 아니함을 나타낸 것이요
두 번째는 중생으로 하여금 믿음을 일으키게 하는 것을 귀하게
여기는 것이니,
우선 강남 지방의 사람은 천 사람의 솜털²²⁴ 장막을 믿지 않고, 하북
지방의 사람은 다분히 만 척의 배²²⁵를 의심하나니 다 귀와 눈이
옛 사람에 미치지 못할 뿐인 까닭이다.
그런 까닭으로 혹자는 목격을 거론하며 혹자는 구박범부의 사람도
자재하기가 이와 같다고 증거하나니,
보살의 작용은 진실로 마땅히 의혹할 것이 없거늘 지금에 오히려
의심하는 사람이 있다면 그 어찌 슬프지 않겠는가.

鈔

且江南之人者는 卽顔之推의 家訓歸心篇中之語也라

우선 강남 지방의 사람이라고 한 것은 곧 안지추顔之推²²⁶의 『가훈』
귀심편歸心篇 가운데 말이다.

---

224 강남江南 지방의 사람은 강가의 뱃사공이고, 천 사람(千人)의 솜털은 육지사람
이다. 전氈은 '모전(솜털) 전' 자이다. 전장氈帳은 솜털로 만든 모직이다.
225 하북河北 지방의 사람은 육지사람이고, 만 척(萬斛)의 배는 강가의 사람이다.
226 안지추顔之推는 불교학자佛敎學者로 남북조시대南北朝時代 사람이고, 『가
훈』은 『안씨가훈顔氏家訓』이다.

經

第一智慧廣大慧와 眞實智慧無邊慧와
勝慧及以殊勝慧인 如是法門今已說호니

제일의 지혜와 광대한 지혜와
진실한 지혜와 끝없는 지혜와
최승한 지혜와 그리고 수승한 지혜인
이와 같은 법문을 지금에 이미 설하였으니

疏

大文第三에 第一智慧下에 九頌은 校量勸持分이라 此廣大用은 人皆有分이나 見而不習하야 誠爲自欺일새 故中人에도 可勸而進也라 於中分二리니 初一頌은 結前所說이니 略就六慧結之니라 第一者는 上無加故요 二에 廣大者는 語其分量이 超二乘故요 三에 眞實者는 明其體性이 內證無虛故라 四에 無邊者는 有二義하니 一은 量智普知故요 二는 離種種二邊故니 卽中道慧也라 五에 勝者는 超地位故요 六에 殊勝者는 同普賢故니라

큰 문장 제 세 번째 제일의 지혜라고 한 아래에 아홉 게송은 헤아려 가지기를 권하는 부분이다.
이 광대한 작용은 사람마다 다 구족할 분분이 있지만 보고 닦지 아니하여 진실로 스스로를 속이기에 그런 까닭으로 보통사람[227]에게

도 가히 권하여 정진케 한 것이다.
그 가운데 두 가지로 나누리니
처음에 한 게송은 앞에서 설한 바를 맺는 것이니
간략하게 여섯 가지 지혜에 나아가 맺는 것이다.
제일이라고 한 것은 더 이상 더할 수 없는 까닭이요
두 번째 광대하다고 한 것은 그 분량이 이승을 초과함을 말한 까닭이요
세 번째 진실이라고 한 것은 그 자체성이 안으로 증득하여 거짓이 없음을 밝힌 까닭이다.
네 번째 끝이 없다고 한 것은 두 가지 뜻이 있나니
첫 번째는 여량지如量智228로 널리 아는 까닭이요
두 번째는 가지가지 이변을 떠난 까닭이니 곧 중도의 지혜이다.
다섯 번째 최승이라고 한 것은 지위를 초월한 까닭이요
여섯 번째 수승하다고 한 것은 보현의 수승한 행과 같은 까닭이다.

---

227 원문에 중인中人은 자전에 보통사람이라 하였다. 따라서 보통사람에게도라 번역한다. 그러나 불佛을 상인上人, 보살菩薩을 중인中人, 중생衆生을 하인下人이라고 보면 보살(中人)이 가히 권하여라고 번역할 것이다.
228 여량지如量智는 여리지如理智의 상대적 용어이다.

經

此法希有甚奇特하야 若人聞已能忍可하며
能信能受能讚說하면 如是所作甚爲難이니다

이 법은 희유하고 매우 기특하여
만약 어떤 사람이 듣고 능히 인가하며
능히 믿고 능히 받아 가지고 능히 찬탄하여 설한다면
이와 같이 하는 바는 매우 어려움이 되는 것입니다.

疏

二에 此法下에 八頌은 明信受難得이라 於中初一은 總顯이요 餘七
은 別明이라 前中希有者는 佛出懸遠하야 已難可遇어늘 唯初成頓
說할새 故希有也니라 奇謂初能具後요 特謂逈出諸乘이니 此句讚
也요 下文勸耳라 聞謂遇經이요 忍可謂信因이요 信則心淨이요 受
謂領文領義요 讚乃通言通筆이요 說唯約言이니 上皆所作이요 下
는 總說皆難이라

두 번째 이 법은 희유한다고 한 아래에 여덟 게송은 믿고 받아
가짐을 얻기가 어려운 것을 밝힌 것이다.
그 가운데 처음에 한 게송은 한꺼번에 나타낸 것이요
나머지 일곱 게송은 따로 밝힌 것이다.
앞의 가운데 희유하다고 한 것은 부처님이 세상에 출현하심은 멀고

멀어서 이미 가히 만나기가 어렵거늘 오직 처음 성도하시자 문득 설하시기에 그런 까닭으로 희유하다 한 것이다.

기奇라고 한 것은 말하자면 처음에 믿음이 능히 뒤에 모든 지위를 갖춘 것이요

특特이라고 한 것은 말하자면 멀리 제승諸乘을 벗어난 것이니 이 구절229은 찬탄한 것이요

이 아래 경문은 권한 것이다.

듣는다고 한 것은 말하자면 경전을 만난 것이요

인가한다고 한 것은 말하자면 믿는 원인이요

믿는다고 한 것은 곧 마음이 청정한 것이요

받는다고 한 것은 글을 알고 뜻을 아는 것이요

찬탄한다고 한 것은 이에 말에 통하고 씀에 통하는 것이요

설한다고 한 것은 오직 말만 잡아서 설한 것이니

이 위에는 다 지을 바이고 이 아래230는 다 어려움이 됨을 한꺼번에 설한 것이다.

---

229 이 구절이란 제일구第一句요, 이 아래 경문이란 나머지 삼구(餘三句)이다.
230 원문에 소작所作이라고 한 아래에 下 자가 있어야 한다. 아래란, 제사구第四句다. 그러나 下 자를 더하지 않고 해석하면 이상은 다 지을 바이니 다 어려운 것을 한꺼번에 설한 것이다 할 것이다.

經

世間一切諸凡夫가　信是法者甚難得거니와
若有勤修淸淨福인댄 以昔因力乃能信하리다

세간에 일체 모든 범부가
이 법을 믿는 사람은 매우 얻기 어렵거니와
만약 어떤 사람이 부지런히 청정한 복을 닦는다면
옛날 인행 시에 힘으로 이에 능히 믿을 것입니다.

疏

後別明中三이니 初二偈半은 明難信이요 次半偈는 況出餘行이요 後四偈는 擧事校量이라 前中에 初一偈는 明人天之器로 信爲甚難이라 若爾인댄 今或能信은 何耶오 由二力故니 一은 現修淨福하야 稱所求故요 二는 昔因聞熏으로 今發種故니라 今不信者가 願少聽聞인댄 爲毒塗鼓하야 終成堅種이리라

뒤에 따로 밝힌 가운데 세 가지가 있나니
처음에 두 게송 반은 믿기 어려움을 밝힌 것이요
다음에 반 게송은 나머지 행을 비유하여 설출한 것이요
뒤에 네 게송은 사실을 들어 헤아린 것이다.
앞의 가운데 처음에 한 게송은 인간과 하늘의 그릇으로는 이 법을 믿기가 매우 어려움이 됨을 밝힌 것이다.

만약 그렇다면 지금에 혹 능히 믿는 사람은 무엇 때문인가.
두 가지 힘을 인유한 까닭이니
첫 번째는 현세의 청정한 복을 닦아 구하는 바에 칭합한 까닭이요
두 번째는 옛날 인행 시에 듣고 훈습한 것으로 지금에 종자를 발현한 까닭이다.
지금에 믿지 않는 사람이 조금이라도 듣기를 서원한다면 독약을 북에 바르는 듯하여 마침내 견고한 종자를 이룰 것이다.

鈔

爲毒塗鼓者는 卽涅槃第九如來性品云호대 復次善男子야 譬如有人이 以雜毒藥으로 用塗大鼓하야 於衆人中에 擊之發聲하면 雖無心欲聞이나 聞之皆死하고 唯除一人의 不橫死者라하니 鼓合涅槃이요 死喩滅惑이요 不橫死者는 喩一闡提라 終成堅種者는 卽下出現品이니 如上頻引하니라

독약을 북에 바르는 듯하다고 한 것은 곧 『열반경』 제구권 여래성품에 말하기를 다시 선남자야, 비유하자면 어떤 사람이 여러 가지 독약을 이용하여 큰 북에 발라 수많은 사람 가운데서 그 북을 쳐 소리를 내면 비록 마음에 듣고자 함이 없지만 들으면 다 죽고 오직 한 사람 횡사橫死하지 않는 사람은 제외하는 것과 같다 하였으니
북이라고 한 것은 열반에 법합한 것이요,
죽는다고 한 것은 번뇌를 소멸함에 비유한 것이요,

횡사하지 않는 사람이라고 한 것은 일천제一闡提에 비유한 것이다. 마침내 견고한 종자를 이룰 것이라고 한 것은 곧 출현품의 말이니 위에서 자주 인용한 것과[231] 같다.

---

[231] 위에서 자주 인용한 것이란, 세주묘엄품 영자권盈字卷 하권, 영인본 화엄 2책, p.846, 4행 등이니 그 뜻은 대장부가 적은 양의 금강을 먹을지라도 끝내 소화가 되지 않고 몸 밖으로 나오는 것과 같이 여래의 처소에서 적은 양의 선근을 심을지라도 끝내 구경의 지혜처소에 이른다 한 것이다. 여래출현품의 말로서 교림출판, 화엄 4책, p.65를 참고할 것이다.

經

一切世間諸群生이　　少有欲求聲聞乘하며
求獨覺者轉復少하며　趣大乘者甚難遇니이다

趣大乘者猶爲易어니와 能信此法倍更難이니다

일체 세간에 모든 중생이
성문승을 구하고자 하는 사람은 적으며
독각승을 구하고자 하는 사람은 전전히 다시 적으며
대승을 취구趣求하고자 하는 사람은 매우 만나기 어렵습니다.

그러나 대승을 취구하는 사람도 오히려 쉽거니와
능히 이 법을 믿는 사람은 배로 다시 어렵거든

疏

後에 一偈半은 擧三乘之信이 展轉難得하야 況於一乘이니 明文昭然하고 權實有據니라

뒤에 한 게송 반은 삼승의 믿음이 전전히 얻기 어려움을 들어 일승에 비유한 것이니,
명시한 문장이 소연하고 방편과 진실[232]이 의거함이 있는 것이다.

---

232 삼승三乘은 방편方便이고, 일승一乘은 진실眞實이다.

經

況復持誦爲人說하며 如法修行眞實解리까

하물며 다시 가지고 외우고 사람을 위하여 설하며
여법하게 수행하고 진실하게 아는 사람이겠습니까.

疏

第二에 半偈는 況出餘行이니 於中에 信忍尚難거든 況具餘行이야
難中之難也니라 眞實解者는 亦有說行이나 而不信圓融之旨는
非眞實解也니 願諸學者는 善擇知見이어다

제 두 번째 반 게송은 나머지 행을 비유하여 설출한 것이니
그 가운데 믿고 아는 것도 오히려 어렵거든, 하물며 나머지 행을
구족하는 것이야 어려운 가운데 어려운 것이다.
진실하게 안다고 한 것은 또한 설하고 행하는 것은 있지만 그러나
원융한 뜻을 믿지 않는 것은 진실하게 아는 것이 아니니,
원컨대 모든 학자들은 잘 간택하여 알아볼 것이다.

> 經

有以三千大千界를   頂戴一劫身不動이라도
彼之所作未爲難거니와 信是法者乃爲難이니다

有以手擎十佛刹하고   盡於一劫空中住라도
彼之所作未爲難거니와 能信此法乃爲難이니다

十刹塵數衆生所에   悉施樂具經一劫이라도
彼之福德未爲勝거니와 信此法者爲最勝이니다

어떤 사람이 삼천대천세계를
머리에 이고 한 세월(一劫) 동안 몸을 움직이지 아니할지라도
저 사람의 하는 바는 아직 어려움이 되지 않거니와
이 법을 믿는 것이 이에 어려움이 됩니다.

어떤 사람이 손으로 열 부처님의 세계를 잡고
한 세월이 다하도록 허공 가운데 머물지라도
저 사람의 하는 바는 아직 어려움이 되지 않거니와
능히 이 법을 믿는 것이 이에 어려움이 됩니다.

열 부처님의 세계에 작은 티끌 수만치 많은 중생의 처소에
다 좋은 기구를 보시하여 한 세월을 지날지라도
저 사람의 복덕은 아직 수승함이 되지 않거니와

이 법을 믿는 것이 이에 가장 수승함이 됩니다.

疏

第三에 四頌은 擧事校量이라 初三은 校量難信이니 初二는 擧二難하야 以況信難이요 後一은 擧福勝하야 以彰信勝이라

제 세 번째 네 게송은 사실을 들어 헤아린 것이다.
처음에 세 게송은 믿기 어려운 것을 헤아린 것이니
처음에 두 게송은 두 가지 어려운 것을 들어 믿기가 더 어려운 것을 비유한 것이요
뒤에 한 게송은 수승한 복덕을 들어 믿는 것이 더 수승함을 밝힌 것이다.

經

十刹塵數如來所에   悉皆承事盡一劫이라도
若於此品能誦持하면 其福最勝過於彼니이다

열 부처님의 세계에 작은 티끌 수만치 많은 부처님의 처소에
다 받들어 섬기기를 한 세월을 다할지라도
만약 이 현수품을 능히 외우고 가지면
그 복덕이 가장 수승하여 저 사람을 지날 것입니다.

疏

後一은 校量餘行之難이니 唯明誦持하고 餘略不說하며 亦顯修行
眞解는 非可校量也니라 此之四事는 後後가 過於前前일새 巧辯深
勝이라

뒤에 한 게송은 나머지 행의 어려움을 헤아린 것이니
오직 외우고 가지는 것만 밝히고 나머지는 생략하여 설하지 아니하
였으며,
또한 수행하여 진실로 아는 것은 가히 헤아릴 것이 아님을 나타낸
것이다.
이 네 가지 사실은 뒤에 뒤에 것이[233] 앞에 앞에 것을 지나기에

---

233 이 네 가지 사실은 뒤에 뒤에(此之四事 後後) 운운은, 네 가지 사실(四事)은

교묘한 변재가 깊고도 수승한 것이다.

사게四偈가 각각 한 가지 사실(一事)이다. 그리고 뒤에 복덕福德이 앞에 복덕을 지난다.

經

時賢首菩薩이 說此偈已하니 十方世界는 六返震動하고 魔宮隱蔽하며 惡道休息하고 十方諸佛은 普現其前하사 各以右手로 而摩其頂하시고 同聲讚言하사대 善哉善哉라 快說此法이여 我等一切가 悉皆隨喜라하시니라

그때에 현수보살이 이 게송을 설하여 마치니
시방세계는 여섯 가지로 반복하여 진동하고, 마군의 궁전은 은폐되었으며,
악도는 쉬고, 시방의 모든 부처님은 널리 그 앞에 나타나 각각 오른손으로 그의 이마를 만지시고 같은 소리로 찬탄하여 말씀하시기를 착하고도 착합니다, 통쾌하게 이 법을 설함이여.
우리 등 일체가 다 따라 환희한다 하셨습니다.

疏

大段第三에 時賢首下는 顯實證成分이라 於中有四하니 一에 動世界는 大機發故요 二에 蔽魔宮은 唯佛境故요 三에 息惡道는 利樂深故요 四에 佛現證은 契佛心故라 於中에 摩頂讚善隨喜는 卽三業皆證하야 勸物信行이라 第二會는 竟이라

대단의 제 세 번째 그때에 현수보살이라고 한 아래는 진실로 증명을 이루는 부분[234]을 나타낸 것이다.

그 가운데 네 가지가 있나니

처음에 세계가 진동했다고 한 것은 대기大機가 일어난 까닭이요

두 번째 마군의 궁전을 은폐했다고 한 것은 오직 부처님의 경계인 까닭이요

세 번째 악도가 쉬었다고 한 것은 이익과 즐거움이 깊은 까닭이요

네 번째 부처님이 나타나 증명했다고 한 것은 불심에 계합한 까닭이다.

그 가운데 이마를 만진 것과 찬탄하여 착하다 한 것과 따라 환희한다고 한 것은 곧 삼업으로 다 증명하여[235] 중생에게 믿고 행하기를 권한 것이다.

제이회第二會[236]는 마친다.

---

234 원문에 현실증성분顯實證成分은 앞의 영인본 화엄 5책, p.216, 말행末行엔 시방현증十方現證이라 하였다. 즉 현수품賢首品 초단문初段文 분삼分三 중에 一은 文殊發起요, 二는 賢首廣說이요, 三은 十方現證이라 한 것이다.

235 삼업으로 다 증명한다고 한 것은, 이마를 만진 것은 신身이고, 찬탄하여 착하다고 한 것은 구口이고, 따라 환희한 것은 의意이다.

236 제이회第二會는 보광당회寶光堂會니 십신十信을 설說한 것이다. 제일회第一會는 적멸도량회寂滅道場會이고 제이회第三會는 도리천궁회忉利天宮會니 3권6품三卷六品으로 십주十住를 설說한다.

청량 징관(清涼 澄觀, 738~839)

중국 화엄종의 제4조.
절강성浙江省 월주越州 산음山陰 사람으로, 속성은 하후夏侯, 자는 대휴大休, 탑호는 묘각妙覺이다.

11세에 출가하여 계율, 삼론, 화엄, 천태, 선 등을 비롯, 내외전을 두루 수학하였다. 40세(777년) 이후 오대산 대화엄사에 머물면서 『화엄경』을 여러 차례 강설하였으며, 이를 토대로 『대방광불화엄경소』 60권, 『대방광불화엄경수소연의초』 90권을 저술하고 강의하였다. 796년에는 반야삼장의 『40권 화엄경』 번역에 참여하였고, 덕종에게 내전에서 화엄의 종지를 펼쳤다. 덕종에게 청량국사清涼國師, 헌종에게 승통청량국사僧統清涼國師라는 호를 받는 등 일곱 황제의 국사를 지냈다.

저서로 『화엄경주소華嚴經註疏』, 『화엄경수소연의초華嚴經隨疏演義鈔』, 『화엄경강요華嚴經綱要』, 『화엄경략의華嚴經略義』, 『법계현경法界玄鏡』, 『삼성원융관문三聖圓融觀門』 등 400여 권이 있다.

관허 수진貫虛 守眞

1971년 문성 스님을 은사로 출가, 1974년 수계, 해인사 강원과 금산사 화엄학림을 졸업하고, 운성, 운기 등 당대 강백 열 분에게 10년간 참문수학하였다.

1984년부터 수선안거 10년을 성만하고, 1993년부터 7년간 해인사 강원 강주로 학인들을 지도하였다.

대한불교조계종 교육위원, 역경위원, 교재편찬위원, 중앙종회의원, 범어사 율학승가대학원장 및 율주를 역임하였다.

현재 부산 승학산 해인정사에 주석하면서, 대한불교조계종 고시위원장, 단일계단 계단위원·존증아사리, 동명대학교 석좌교수, 동명대학교 세계선센터 선원장 등의 소임을 맡고 있다.

청량국사화엄경소초 33 - 현수품 ②

초판 1쇄 인쇄 2023년 7월 10일 | 초판 1쇄 발행 2023년 7월 24일
청량 징관 찬술 | 관허 수진 현토역주 | 펴낸이 김시열
펴낸곳 도서출판 운주사

(02832) 서울시 성북구 동소문로 67-1 성심빌딩 3층
전화 (02) 926-8361 | 팩스 0505-115-8361

ISBN 978-89-5746-741-1 94220
ISBN 978-89-5746-592-9 (총서) 값 20,000원

http://cafe.daum.net/unjubooks 〈다음카페: 도서출판 운주사〉